Endlich selbstbewusst!

Das letzte Buch, das Sie zum Thema „Selbstbewusstsein“ lesen werden

Von Michael Leister

Haftungsausschluss:

Die Inhalte dieses Buches wurden sorgfältig und besten Gewissens recherchiert und zusammengetragen. Sie spiegeln die persönliche Meinung und Erfahrung des Autors wider. Der Autor übernimmt daher keine juristische Verantwortung oder Haftung für Schäden, die durch eventuelle Fehler oder nicht kompatible Lebensumstände entstehen. Trotz sorgfältigen Lektorats können Rechtschreib- und/oder Grammatikfehler vorhanden sein.

Endlich selbstbewusst! – Das letzte Buch, das Sie zum Thema „Selbstbewusstsein" lesen werden

Von Michael Leister

Auflage 2015

Coverdesign: Guter Punkt | Agentur für Gestaltung, München
www.guter-punkt.de

Lektorat: Ata Medien Verlag, Aachen
www.ata-medien.de

Herausgegeben von:
Ata Medien Verlag UG (haftungsbeschränkt)
Metzgerstr. 67, 52070 Aachen
info@ata-medien.de

Printed in Germany by Amazon Distribution GmbH, Leipzig

ISBN: 978-1502345691

Inhaltsverzeichnis

Vorwort

Herzlich willkommen zu „Endlich selbstbewusst!“

Da Sie sich für dieses Buch entschieden haben, gehe ich davon aus, dass Sie sich nach mehr Selbstbewusstsein in Ihrem Leben sehnen. Ich darf Ihnen an dieser Stelle gratulieren: dass Sie sich mit dem Thema und diesem Buch beschäftigen, ist Ihr erster Schritt und bezeugt Ihre ehrliche Absicht, etwas zu verändern. Das heißt, dass die Inhalte dieses Buches für Sie leicht verständlich sein werden und Sie schon bald beim Blick in den Spiegel einen zufriedenen und selbstbewussteren Menschen erkennen werden! Bevor es losgeht, sollten zu Beginn noch ein paar Fragen beantwortet werden:

Welche Qualifikation hat der Autor?

Aufgrund meiner Erfolge als Buchautor und Blogger werde ich häufig gefragt, ob ich Psychologe sei. Die Antwort darauf lautet ganz eindeutig: Nein. Dennoch ist das Schreiben für mich kein Hobby, sondern eine Aufgabe und Leidenschaft. Mit meinen Büchern und Publikationen möchte ich keine persönliche Meinung verbreiten, sondern produktive Denkanstöße geben. Meine Bücher verbinden bewährte Philosophien, Erkenntnisse der Psychologie und meine Vorstellungen von mehr Lebensqualität, Zufriedenheit,

Selbstbewusstsein und persönlichem Erfolg. Sie haben zahlreiche Leser gefunden und allesamt den Bestsellerstatus auf Amazon in mehreren Kategorien erreicht. Weiterhin betreibe ich den Blog „Dein Fußabdruck“, der sich mit der persönlichen Entwicklung und dem Erlangen von mehr Lebensqualität beschäftigt und monatlich von tausenden Lesern besucht wird. Das positive Feedback der Leser bestätigt mich darin, dass freundschaftlicher Rat angenehmer und hilfreicher als psychologische Fachsprache sein kann.

Warum ist gerade dieser Ratgeber effektiv?

Es gibt viele Bücher zum Thema „Selbstbewusstsein“. In all diesen Büchern wird Ihnen vorgeschrieben, dass Sie dieses und jenes tun sollen und dass Sie dann selbstbewusst sein können, wenn Sie es gerade brauchen. Meiner Meinung nach ist das Unsinn. Möchten Sie ein Leben nach der Anleitung anderer leben? Sind wir mal ehrlich: lässt sich ein selbstbewusster Mensch sagen, was er zu tun hat? Das ist doch ein Widerspruch in sich! Selbstbewusstsein ist nichts, was man auf Knopfdruck aktiviert, wenn man z.B. ein Gespräch mit seinem Chef vor sich hat. Selbstbewusstsein ist eine Lebenseinstellung, die Ihr Leben bereichert!

Ich werde Ihnen in diesem Buch nicht vorschreiben, was Sie zu tun haben. Ich werde mit Ihnen gemeinsam definieren, was Selbstbewusstsein überhaupt ist und weshalb so viele

Menschen unter mangelndem Selbstbewusstsein leiden. Anschließend werden wir darüber sprechen, was den Menschen selbstbewusst macht und wie Sie aktiv werden können. Sie werden anhand dessen verstehen können, wie das Prinzip funktioniert. Weiterhin werden Sie einen anderen Blick auf sich selbst erhalten und Ihre eigene Strategie zu mehr Selbstbewusstsein und somit mehr Lebensqualität entwickeln können.

Jeder Mensch ist anders und daher kann es auch keine Universalanleitung geben!

Für wen ist dieses Buch geeignet?

Das Buch ist für jeden Menschen geeignet, der seine Persönlichkeit und sein Leben zum Positiven verbessern will. Das Leben kann herrlich einfach und schön sein. Selbstbewusstsein ist eine Lebenseinstellung, die Sie sich auf einfachstem Wege aneignen können. Wenn Sie vom kurzzeitigen Motivationseffekt anderer Ratgeber genervt sind, sind Sie hier richtig: das Verständnis ist der Schlüssel. Deshalb ist dies das letzte Buch, das Sie zum Thema „Selbstbewusstsein“ lesen werden.

Wenn Sie jemand sind, der nur nach Anweisungen lebt und keine eigene Initiative in seinem Leben ergreift, dann haben Sie die Lektüre dieses Buches zwar wahrscheinlich nötig, aber es wird Ihnen nichts bringen. Nur der ehrliche Wunsch nach Veränderung kann Resultate erzielen!

Wie ist dieses Buch aufgebaut?

Hauptsächlich besteht das Buch aus drei Teilen. In Teil 1 wird das Selbstbewusstsein im Allgemeinen thematisiert und welche Bedeutung es für Sie persönlich hat. Außerdem wird hier aufgezeigt, welche Ursachen mangelndes Selbstbewusstsein haben kann. Teil 2 beschäftigt sich damit, was den Menschen eigentlich selbstbewusst macht, bzw. was man tun kann, um Selbstbewusstsein zu erlangen. Teil 3 wird das neu erworbene Wissen noch einmal kurz zusammenfassen und sich damit beschäftigen, wie Sie Ihre ganz individuelle und effiziente Strategie für mehr Selbstbewusstsein erstellen können.

Wichtig: Das hier vorgestellte Gedankengut ist weder esoterisch, noch religiös geprägt. Es handelt sich um reine Logik und das Verständnis sozialer Interaktionen und persönlicher Entwicklung!

Ich wünsche Ihnen viel Freude bei der Lektüre.

Ihr Michael Leister

Teil 1: Das Selbstbewusstsein

Einführung

Eine Universalanleitung zu mehr Selbstbewusstsein gibt es meiner Meinung nach nicht. Ein Mensch kann kein Selbstbewusstsein erlangen, indem er sich vorschreiben lässt, was er zu tun hat. Wie der Begriff es schon aussagt, sollen Sie selbst ein Bewusstsein über sich erlangen. Dabei werde ich Ihnen die bestmögliche Hilfestellung leisten. Jeder Mensch ist anders und deshalb sieht das Selbstbewusstsein für jeden anders aus. Ich verspreche Ihnen: am Ende des Buches werden Sie feststellen, dass Sie einiges gelernt haben und Sie werden langfristig motiviert sein, etwas zu verändern. Fangen wir an!

Für einen guten Einstieg in die Materie bietet es sich an, sich die allgemeine Definition des Wortes „Selbstbewusstsein" anzusehen. Hierfür verwende ich die Version aus dem Duden. Demnach hat das Wort zwei Bedeutungen:

- Das Bewusstsein von sich selbst als denkendem Wesen.
- Das Überzeugtsein von seinen Fähigkeiten oder seinem Wert als Person, welches sich in selbstsicherem Auftreten ausdrückt.

Die zweite Definition ist die, die den meisten Menschen eher zusagt. Viele stellen sich unter einem selbstbewussten Menschen eine Person vor, die Stärke ausstrahlt und von dem überzeugt ist, was sie tut. Das ist sicherlich auch kein falscher Gedanke, aber dafür ein vorschneller! Bevor man von seinen Qualitäten überzeugt sein kann, muss man sie erst einmal kennen. Oder haben Sie vielleicht schon einmal einen Film empfohlen, den Sie nicht gesehen haben? Es ist, als würden Sie in Gedanken bereits auf einem Fahrrad fahren, noch bevor Sie ein Fahrrad angeschafft haben. Die meisten von uns sehnen sich nach Selbstbewusstsein, da sie (auf dieses Bild übertragen) sehr gerne Fahrrad fahren würden, aber nicht auf den einfachen Gedanken kommen, sich ein Fahrrad zuzulegen. Glauben Sie mir: es ist so simpel, wie es klingt!

Der Schlüssel zu uneingeschränktem Selbstbewusstsein ist, sich seiner Selbst bewusst zu sein! Von A bis Z! Es ist wichtig zu wissen, wer man ist, wo die eigenen Stärken liegen, wo die Schwächen sind, was die eigenen Interessen sind, welche Potenziale man hat, in welche Richtung man sich entwickeln möchte, usw.

Gerade in der heutigen Zeit ist es schwierig geworden, selbstbewusst zu sein. Wir leben in einer Gesellschaft, in der die Fremdbestimmung ein großes Thema ist (dazu später mehr).

Ich möchte Ihnen ein simples Beispiel geben, an dem Sie schnell erkennen können, ob Sie sich selbst gut kennen. Mit Sicherheit hat Ihnen schon einmal jemand eine oder mehrere der folgenden Fragen gestellt:

- „Soll ich meinen Job kündigen?“

- „Soll ich mich wirklich selbstständig machen?“
- „Soll ich mit meinem Partner/meiner Partnerin Schluss machen?“
- „Soll ich mir dieses Haus/Auto/Motorrad kaufen?“

Wenn man Ihnen solch eine Frage stellt, dann denken Sie sich mit Sicherheit, dass Sie das nicht beantworten oder beurteilen können, da es hier um wichtige Entscheidungen mit weitreichenden Folgen geht. Da Sie nicht für sich selbst entscheiden, möchten Sie keine Verantwortung übernehmen, was auch völlig verständlich ist. Jetzt möchte ich Sie fragen: würden Sie für sich selbst eine dieser Fragen beantworten können, ohne sich darüber den Kopf zu zerbrechen? Vermutlich nicht, sonst würden Sie dieses Buch nicht lesen. Lassen Sie mich Ihnen eines sagen: ein selbstbewusster Mensch kann das. Ohne zu zögern!

Selbstbewusst zu sein heißt, dass man ein Experte für sich selbst ist. Sie kennen das sogar an anderer Stelle: mit Sicherheit sind Sie Experte auf irgendeinem Gebiet. Sie haben sicherlich einen Beruf erlernt oder haben ein Hobby, für das Sie Feuer und Flamme sind. Etwas, worüber ich Ihnen 100 Fragen stellen könnte und jedes mal würden Sie mir wie aus der Pistole geschossen eine fundierte Antwort geben können. Wenn Sie mir (und vor allem sich selbst) genau auf diese Weise eine Antwort über sich und Ihre

Persönlichkeit geben können, dann sind Sie ein durch und durch selbstbewusster Mensch. Dann sind Ihnen die Überzeugtheit und das starke Auftreten sicher, wonach sich alle sehnen. Sogar nicht nur in bestimmten Situationen, sondern zu jeder Tages- und Nachtzeit!

Vielleicht ist es gar nicht Ihre Absicht, ein sehr stark auftretender Mensch zu sein. Vielleicht möchten Sie nur in manchen Situationen Ihre Meinung vertreten können oder keine Angst vor etwas haben müssen. **Ich möchte klarstellen:** selbstbewusst zu sein, heißt nicht, dass man stark auftreten muss! Es wird Ihnen lediglich leichter fallen. Was Sie aus Ihrem Selbstbewusstsein machen, ist Ihnen überlassen. Auf jeden Fall werden Ihren Möglichkeiten zur persönlichen Entwicklung als selbstbewusster Mensch keine Grenzen gesetzt sein!

„Warum bin ich nicht selbstbewusst?“

Viele Menschen stellen sich genau diese Frage. Sich diese Frage zu stellen, ist ein sehr guter Anfang. Es bedeutet, dass man sich mit dem Thema beschäftigt und nach der Ursache forscht. Nach der Ursache zu suchen und sie schließlich zu kennen, ist die Grundlage der Besserung.

Ich bin kein Therapeut und kenne Sie auch nicht persönlich. Auf die emotionale Reise in Ihre Kindheit und Vergangenheit werde ich daher verzichten. Es gibt viel modernere Gründe dafür, dass man sich von sich selbst entfernt und den Bezug zu seinen Qualitäten verliert. Im Folgenden möchte ich näher darauf eingehen und Ihnen **4 Gründe für mangelndes Selbstbewusstsein** vorstellen.

1) Fremdbestimmung

Fremde Meinungen sind allgegenwärtig. Schon morgens nach dem Aufstehen werden Sie mit solchen konfrontiert: beim Lesen der Tageszeitung, beim Schauen der Nachrichten oder wenn Sie das Radio einschalten. Die Medien sind schon seit langem nicht mehr (oder vielleicht waren sie das nie?) darauf ausgelegt, eine objektive Berichterstattung zu geben. Hinter allem steckt immer eine gewisse Wertung. Es wird Ihnen also unterbewusst klargemacht, wie Sie etwas finden sollen. Da es so gewollt ist, dass Sie mit dem Strom schwimmen, werden Sie als Konsument gar nicht erst auf die Idee gebracht, sich auch mal vielleicht kontroverse Gedanken zu einem Thema zu machen. Eine Situation wird beschrieben, bewertet und dann ist es (offiziell) in Ordnung.

Ich gehe davon aus, dass Sie einer beruflichen Tätigkeit nachgehen und in einem Angestelltenverhältnis sind. Selbstverständlich muss auf der Arbeit immer alles nach den Vorgaben des Chefs gemacht werden und es ist nur das gut, was der Chef auch gut findet. Ihre eigenen Ideen finden sehr selten Anklang. Stattdessen werden Sie dazu „erzogen“, sich den Visionen Ihres Chefs anzupassen.

Haben Sie schon einmal innerhalb einer Gruppe gesessen und bei einem Thema eine völlig andere Meinung als der Rest der Gruppe gehabt? Wenn ja: konnten Sie Ihre Meinung überzeugend darstellen oder überhaupt äußern? Oder war es viel einfacher, sich einfach den anderen anzupassen, weil Sie die Konfrontation vermeiden und keinen Unfrieden stiften wollten?

Selbst beim Kauf dieses Buches haben Sie sich wahrscheinlich von Kundenrezensionen beeinflussen lassen. Würden sich Kunden darüber beschweren, dass dies ein schlechtes und inhaltlich schwaches Buch ist, hätten Sie es wahrscheinlich nicht gekauft. Auch, wenn das gar nicht der Wahrheit entspräche.

Letztlich gibt es da noch Freunde und Familie: im Leben erhalten Sie nirgends so viele Lektionen über Anstand, Moral, emotionale Entwicklung, usw. als im Kreise der Familie. Auch wenn Sie sich eigentlich gar nicht damit identifizieren können: es ist eben die Familie und Sie haben gelernt, dass man sich dieser nicht widersetzen darf. Also passen Sie sich an, um auch hier wieder den Frieden zu wahren.

Konnten Sie sich in einer dieser Situationen wiederfinden? Davon gehe ich aus. Die große Frage, die sich nun stellt, ist: wie können Sie ein Bewusstsein über sich selbst erlangen, wenn Ihre eigenen Interessen und Ihre Meinung nirgends gefragt sind? Die Antwort darauf werden wir im Laufe des Buches gemeinsam finden.

Im fremdbestimmten Alltag zu leben bedeutet, dass man sich von sich selbst entfernt. Ein Prozess der Entfremdung findet statt. Das Ganze geschieht übrigens unterbewusst, heimlich, still und leise, sodass Sie sich eines Tages plötzlich fragen, weshalb Sie denn gar nicht selbstbewusst sind. Es ist so, als würden Sie Stück für Stück vergessen, wer Sie eigentlich sind und was Sie eigentlich selbst von einer bestimmten Sache halten.

2) Verallgemeinerung

Die Verallgemeinerung ist ein allgegenwärtiges Problem, das die Menschen ganz grob gesagt alle über einen Kamm schert. Ich möchte Ihnen dafür ein paar Beispiele geben.

Ist dies der erste Ratgeber, den Sie zum Thema „Selbstbewusstsein“ lesen? Mein erster ist es jedenfalls nicht. Bevor ich anfing Bücher zu schreiben, kam ich gar nicht auf die Idee selbst eins zu schreiben, da es meiner Meinung nach schon genügend kompetente Ratgeber gab. Durch Zufall entdeckte ich das Gegenteil. Ich stolperte durch die Themenbereiche und sah mir einige Werke genauer an. Es gibt tatsächlich sogenannte „Ratgeber“, die ernsthaft vermitteln, dass man die Arme ausstrecken, sich im Kreis drehen und laut und herzhaft lachen soll. Angeblich würde das **allen** Menschen zu mehr Selbstbewusstsein und Freude verhelfen. Entschuldigen Sie, wenn ich jetzt schnippisch klinge, aber: wer so etwas glaubt oder gar ausprobiert, ist wohl noch blöder als der dreiste Autor einer solchen Empfehlung. Ich kann nicht müde davon werden, immer und immer wieder zu predigen, dass Sie als Leser herzlich dazu eingeladen sind, sich Ihre eigenen Gedanken zu machen und sich das Beste aus diesem Gedankengut herauszupicken.

Bekommen Sie jemals einen Anstoß zum Nachdenken oder eine Möglichkeit, sich etwas nach bestem Gewissen auszuwählen? Oder lebt Ihnen die Gesellschaft viel mehr vor, was Sie machen sollen?

Kaufen Sie dieses Produkt, machen Sie diesen Sport, lesen Sie dieses Buch, folgen Sie dem veganen Ernährungstrend, machen Sie diese Umschulung, machen Sie diesen Job, und und und. Denn angeblich ist das immer das Beste für alle. Wann wurde zuletzt etwas auf Ihre eigenen Bedürfnisse abgestimmt? Wer fragt danach, ob Sie sensibel sind oder nicht? Was Sie besonders gut können oder auch nicht? Und vor allem: wer fragt Sie danach, ob Sie etwas möchten oder nicht?

Ich sage Ihnen, wie es ist: wenn Sie darauf warten, dass Ihnen jemand diese Fragen stellt und auf Sie eingeht, wird nichts geschehen. Es ist Ihre Aufgabe, sich selbst kennenzulernen, Ihrer Selbst bewusst zu sein und diese Persönlichkeit schließlich zu verkörpern. Sie können als eigenständiges Individuum aus der Masse herausstechen und sich selbst entgegen der Verallgemeinerung vertreten, indem Sie ein gesundes Selbstbewusstsein erlangen.

In einer Welt, in der alles verallgemeinert wird und in der für Sie (angeblich) gut ist, was auch für alle anderen gut ist, gehen Sie mit Ihrer eigenen Persönlichkeit unter. Auch hier entfernen Sie sich wieder Stück für Stück von sich selbst und passen sich allgemein gültigen Normen an. Der einzige Weg daran vorbei ist, dass Sie sich selbst kennenlernen und individuell fördern, auf Ihre Bedürfnisse abgestimmt.

3) Misserfolge

Misserfolge als Ursache für mangelndes Selbstbewusstsein beziehen sich mehr auf den zweiten Teil der Definition aus dem Duden, auf das Überzeugtsein von seinen Fähigkeiten und seinem Wert als Person.

Wenn Ihnen etwas misslingt, das Sie sonst besonders gut können (z.B. eine sportliche Leistung, ein Arbeitsablauf oder gar ein Gericht zum Abendessen), dann verlieren Sie automatisch etwas von dem, das sich „Selbstvertrauen" nennt. Wie der Begriff bereits sagt, beschreibt das Selbstvertrauen das Vertrauen in sich als fähige Person und dieses bröckelt immer dann, wenn etwas schiefgeht, das Sie sich zuvor selbst zugetraut haben.

Fälschlicherweise haben die meisten Menschen nach solch einem Vorfall das Gefühl, sich selbst enttäuscht zu haben. Wenn jemand, den Sie gut kennen und der Ihnen wichtig ist, Sie enttäuscht, dann verlieren Sie automatisch etwas von dem Vertrauen, das Sie sonst in ihn hatten. Sie sind sich selbst natürlich am wichtigsten und daher erleidet Ihr Selbstbewusstsein einen schweren Schlag, wenn Ihr Vertrauen in sich selbst schwindet.

Es scheint nicht jeden Tag die Sonne und genauso sind wir Menschen nicht jeden Tag in Topform. Statt sich das klarzumachen, beginnen viele sich mit anderen zu vergleichen. Die Kollegen/Freunde/Nachbarn scheinen ja recht erfolgreich zu sein und deshalb ist es wohl besser, sich an ihnen zu orientieren, um nicht noch einen Misserfolg erleben zu müssen. Das hat wiederum zur Folge, dass man sich vermehrt weniger an sich und seinen Qualitäten orientiert und so weiterhin aus dem Blick verliert, wer man selbst eigentlich ist und was man gut kann.

Misserfolge sind also doppelt gefährlich: sie gefährden nicht nur das Vertrauen zu sich selbst, sondern entfremden auch, bzw. rauben das Selbstbewusstsein.

Schließlich resultiert aus den Misserfolgen die Angst vor dem Scheitern. Wer vermehrt an einem Vorhaben gescheitert ist und viel von seinem Selbstvertrauen verloren hat, der traut sich erst gar nicht mehr, noch einen Versuch zu wagen. Wer sich selbst keine besonderen Qualitäten zutraut, hat kein Selbstvertrauen und somit auch kein Selbstbewusstsein. Sie sehen: diese Probleme bauen ganz logisch aufeinander auf.

Kommen wir zur vierten und letzten Ursache für mangelndes Selbstbewusstsein.

4) Kritik

Prinzipiell ist Kritik etwas Gutes. Durch ein sachliches Feedback erhalten Sie die Möglichkeit, etwas aus den Augen eines Anderen zu betrachten und so eine andere Sichtweise besser zu verstehen. Außerdem erweitert sachliche Kritik Ihren Horizont und Sie bekommen die Gelegenheit, sich weiterzuentwickeln und in dem zu verbessern, was kritisiert wird.

Das Problem ist folgendes: sachliche Kritik ist Mangelware. Wahrscheinlich passiert es selten, dass Sie jemandem begegnen, der sagt: „Kein schlechter Ansatz, aber für das nächste Mal würde ich dir vorschlagen, diese Verbesserung einzuführen, um einen Vorteil zu gewinnen."

Was Sie viel wahrscheinlicher hören, ist: „Das ist scheiße. Mach es besser oder lass es."

Viele Leute begreifen einfach nicht, wie viel Schaden sie mit unsachlicher Kritik anrichten. Gerade jemand, der ein angeschlagenes Selbstvertrauen hat, weil er (wie zuvor besprochen) einen Misserfolg erlebt hat, wird dadurch noch weiter heruntergezogen.

Kritik wird leichtfertig und für die unwichtigsten Dinge ausgeteilt. Sie kennen das:

- Ihre Kleidung entspricht nicht dem aktuellen Trend.
- Ihre Figur ist nicht strandtauglich.

- Ihre Lieblingsmusik ist furchtbarer Lärm.
- Ihre Frisur ist zu gewagt.
- Sie sind ja vielleicht mutig, so ein großes Stück Kuchen zu essen.

Das sind nur wenige Beispiele aus dem Alltag. Seien Sie ehrlich: so etwas haben Sie sich schon anhören müssen, oder? Da sind wir auch übrigens wieder bei der Verallgemeinerung. Wer nicht der Norm entspricht, wird so lange kritisiert, bis er sich anpasst.

Diese Anpassung geschieht ganz von allein. Wer möchte schon kritisiert werden? Stück für Stück passt man sich der Allgemeinheit an, wird weniger kritisiert und (was sonst?) vergisst sich selbst und seine Interessen.

Neben dieser kleinen allgegenwärtigen Kritik gibt es natürlich auch schwerwiegende Kritik, die sehr persönlich ist und einen oft sein ganzes Wesen in Frage stellen lässt. Beispiele hierfür sind:

- „Deine Art ist unausstehlich."
- „Du bist hässlich", oder „Du bist zu dick."
- „Du bist ein Versager."
- „Du wirst es nie zu etwas bringen."
- „Keiner kann dich leiden."

Dies sind sehr harte Aussagen. Wer mit ihnen konfrontiert wird, beginnt sein ganzes Leben in Frage zu stellen und sich so anzupassen, dass er/sie so etwas nie wieder hören muss. Die wenigsten sind selbstsicher genug, um sich zu sagen, dass solche Aussagen von schlechten Menschen kommen, die selbst unzufrieden mit sich sind. Stattdessen versuchen die meisten, den anderen zu gefallen und dafür zu sorgen, dass es keinen Grund mehr zu solchen Beleidigungen gibt. Selbstverständlich ist auch das eine Entfremdung und sie führt zu zunehmendem Unglück.

Wer häufig Kritik (in jeder Form) ausgesetzt wird, verliert das Vertrauen in sich selbst, seine Selbstsicherheit und auch sein Selbstbewusstsein, da er immer versucht, die Rolle eines vermeintlich „besseren“ Menschen zu spielen.

Zusammenfassung

In diesem ersten Teil des Buches haben wir darüber gesprochen, was Selbstbewusstsein eigentlich ist und was man sich üblicherweise darunter vorstellt. Wir haben festgestellt, dass der Begriff „Selbstbewusstsein“ uns als selbstsicheres und starkes Auftreten im Alltag viel geläufiger ist, obwohl dies nur eine logische Folge wahren Selbstbewusstseins ist, quasi ein Verhalten, das erst durch wirkliches Selbstbewusstsein möglich wird.

Weiterhin haben wir festgelegt, was das Ziel unserer gemeinsamen Reise sein soll: sich selbst kennenlernen, Möglichkeiten zur Stärkung des Selbstbewusstseins entdecken und sie schließlich im eigenen Leben umsetzen.

Letztlich haben Sie 4 moderne Ursachen für mangelndes Selbstbewusstsein kennengelernt. Es gibt mit Sicherheit noch sehr viele mehr, doch diese ließen sich entweder unter den genannten Ursachen einordnen oder ihre Behandlung erfordert eine höhere Qualifikation als meine. Ich betone es gerne noch einmal: ich bin hier, um Ihnen meinen freundschaftlichen Rat nach bestem Gewissen zu geben, nicht um Sie zu therapieren.

In diesem Teil des Buches geht es nur darum, dass Sie das Selbstbewusstsein als solches verstehen und erkennen, wie es entsteht, bzw. verloren geht. Ich bin überzeugt davon, dass Sie sich an einigen Stellen wiederfinden konnten und das ist im Moment auch gut so, denn es bedeutet, dass Ihr

Selbstbewusstsein von nun an rapide zunehmen wird. Das Verständnis ist der Schlüssel.

Nehmen Sie sich nun ruhig ein wenig Zeit und denken Sie über das eben Gelernte nach. Wo finden Sie sich wieder? Was ist neu für Sie? Haben Sie sich vielleicht auch schon einmal auf diese Weise Gedanken zu dem Thema gemacht?

Wenn Sie so weit sind, wird es Zeit, aktiv zu werden und sich im nächsten Teil des Buches anzuschauen, wie Sie Ihr Selbstbewusstsein steigern können.

Teil 2: Was uns selbstbewusst macht

Einführung

Wie bereits erwähnt, möchte ich Ihnen nicht vorschreiben, was Sie tun sollen. Was Sie letztendlich tun, ist ganz Ihnen überlassen. In vielen Ratgebern finden Sie strikte Anleitungen, in denen steht, dass Sie etwas tun SOLLEN. Meist sogar vollkommen ohne Begründung. Noch dazu können Sie oft die Hälfte der Inhalte komplett vergessen. Lachend und singend über die Straße zu hüpfen, wird Sie nicht selbstbewusster machen. Man wird Ihnen viel wahrscheinlicher den Vogel zeigen, was wiederum Ihr Selbstvertrauen schwächt.

Im Folgenden werde ich Ihnen 25 Möglichkeiten aufzeigen, etwas tun zu KÖNNEN, um Ihr Selbstbewusstsein und –vertrauen zu stärken und den vorhin genannten Ursachen für mangelndes Selbstbewusstsein entgegenzuwirken. Keine dieser Möglichkeiten stellt eine schwierige Aufgabe dar und verändert Ihr Leben allerhöchstens zum Positiven. Wir werden nicht nur darüber sprechen, WAS Sie tun können, sondern vor allem auch, WARUM dies einen Nutzen für Sie persönlich haben wird. Wie Sie sicherlich noch wissen: Das Verständnis ist der Schlüssel! Bei jedem Abschnitt können Sie differenzieren zwischen:

- Daran möchte ich wirklich arbeiten, denn es fehlt mir bis jetzt.
- Das tue ich bereits und es bestätigt meinen Fortschritt.

- Daran habe ich noch nicht gedacht, das möchte ich ausprobieren.

So bleibt Ihre Individualität gewahrt und Sie können sich heraussuchen, was am besten zu Ihnen passt. Da Sie dieses Buch ganz alleine lesen, können Sie vollkommen ehrlich zu sich sein und sich sowohl Schwächen eingestehen, als auch Stärken erkennen!

Die vorgestellten Inhalte basieren auf Logik, dem Verständnis sozialer Interaktionen und meiner Erfahrung, die mich zu persönlichem sowie finanziellem Erfolg geführt hat. Gerne gebe ich das Beste an Sie weiter. Fangen wir an!

1) Sich selbst kennenlernen

Das klingt logisch, oder? Wie wir vorhin festgestellt haben, entfremdet man sich heutzutage sehr schnell von sich selbst. Daher ist es wichtig, zu seinen inneren Wurzeln zurückzukehren und sich zu fragen: wer bin ich eigentlich? Ich möchte Ihnen ein paar Fragen auflisten, die Sie sich zu diesem Zweck stellen können. Achten Sie darauf, ob es Ihnen schwer fällt oder lange dauert, sich selbst eine ehrliche Antwort auf eine der Fragen zu geben. Es ist ausschlaggebend dafür, wie gut Sie sich kennen. Sie werden anhand dessen auch feststellen können, ob es lange her ist, dass Sie sich einmal nur mit sich und Ihren Interessen beschäftigt haben. Mögliche Fragen sind:

- Wer bin ich in meinen Augen?
- Bin ich zufrieden mit mir?
- Falls nicht: womit genau bin ich unzufrieden?
- Bin ich mit meinem Leben zufrieden und falls nein: warum nicht?
- Was erwarte ich von meinem Leben?
- Was möchte ich in meinem Leben (noch) erreichen?
- Bin ich auf einem guten Weg, das zu erreichen?
- Worin bin ich richtig gut?

- Wann kommen meine Stärken im Alltag zum Einsatz?
- Was interessiert mich eigentlich wirklich? Was mache ich am liebsten?
- Wie viel davon mache ich in meinem Alltag?
- Was sind klare Schwächen von mir?
- Möchte ich mich mit meinen Schwächen arrangieren oder etwas verändern?
- Was lässt sich meiner Meinung nach zeitnah ändern und was wird seine Zeit brauchen?
- Wie nimmt mich jemand wahr, der mich nicht kennt und mich zum ersten Mal sieht?

Das sind einige Fragen, die Sie sich stellen und ehrlich beantworten können, um einen ersten Überblick darüber zu bekommen, was Sie eigentlich bewegt und wann Sie zuletzt an sich gedacht haben.

Vielleicht können Sie sich ja sogar damit anfreunden, für einen gewissen Zeitraum nur an sich und Ihre Vorlieben zu denken. Vielleicht möchten Sie ja für ein paar Tage mal ganz egoistisch sein und ausprobieren, wie sich das anfühlt. Nur um sich selbst ein wenig näherzukommen. Möglicherweise fallen Ihnen noch mehr Fragen ein, mit denen Sie sich auseinandersetzen möchten und was ganz wichtig ist: vielleicht wird Ihnen ja klar, dass Sie selbst in Ihrem Alltag immer zu kurz kommen. Vielleicht ist dies ja der Startschuss für Ihr neues Selbstbewusstsein und ein völlig neues Lebensgefühl!

Wichtig ist nur, dass Sie sich mit sich selbst beschäftigen. Sie haben nur dieses eine Leben und es gehört niemandem außer Ihnen. Für wen sonst leben Sie, wenn nicht für sich? Warum sollten Sie irgendwelche Defizite oder Grenzen bei der persönlichen Entwicklung haben? Sie müssen niemandem gegenüber ein schlechtes Gewissen haben. Hat jemand Ihnen gegenüber ein schlechtes Gewissen, wenn er Sie vollkommen unbedacht kritisiert? Fühlt die Gesellschaft sich schlecht, weil sie Sie verallgemeinert? Ich möchte nicht sagen, dass alles schlecht ist und alle es böse mit Ihnen meinen. Aber eins steht doch fest: als Individuum kommen Sie zu kurz. Woher ich das weiß? Das können Sie sich selbst beantworten: Sie lesen schließlich diesen Satz.

Wenn Sie auch nur ab und zu mal an sich denken und sich fragen, ob das, was Sie tun, auch wirklich Ihrem Wunsch/Interesse/Wohlempfinden zusagt, werden Sie sich selbst viel besser kennenlernen und auch Gefallen daran finden. Es wird Ihnen wesentlich leichter fallen, für sich selbst geradezustehen und Selbstvertrauen zu zeigen, da in Ihnen der ehrliche Wunsch nach mehr Selbstbewusstsein aufkeimen wird. Diesen ehrlichen Wunsch wird Ihr

Unterbewusstsein aufnehmen und die notwendige Willensstärke wird sich automatisch entwickeln.

2) Selbst-Akzeptanz

Wenn Sie einen Menschen kennenlernen, dann stellen Sie für gewöhnlich schnell fest, dass er sowohl positive, als auch negative Eigenschaften hat. Anhand dessen können Sie sich ein Bild von ihm machen und sich besser auf ihn einstellen.

Wenn Sie sich selbst kennenlernen und ehrlich mit sich beschäftigen, dann werden Sie feststellen, dass es an Ihnen ebenso positive und negative Eigenschaften gibt. Über die angenehmen Aspekte freut man sich natürlich, wogegen die negativen Eigenschaften zu Unzufriedenheit führen. **Ein Beispiel:** Sie beschäftigen sich ausgiebiger mit sich selbst und Ihren Interessen und stellen fest, dass Sie immer „ja" zu allem sagen, selbst wenn es zu Ihrem Nachteil ist. Ihre Kollegen schwatzen Ihnen ihre Schichten auf, man leiht sich Sachen von Ihnen, die Sie eigentlich selbst benutzen möchten oder Sie gehen mit jemandem aus, obwohl Sie das überhaupt nicht wollen. Sie können einfach nicht „nein" sagen und zu Ihrer eigenen Meinung stehen. Das wussten Sie eigentlich schon immer, aber Sie haben sich damit abgefunden, weil Sie das Gefühl hatten, daran ohnehin nichts ändern zu können. Jetzt, da Sie sich intensiv darüber Gedanken machen, ärgern Sie sich. Es schleicht sich schnell ein gemeiner Gedanke ein: „Wenn ich bis jetzt nichts dagegen tun konnte, dann wird das auch so bleiben. Ich bin nun mal, wer ich bin."

Vollkommen richtig: Sie sind, wer Sie sind. Und das ist auch gut so! Dass Sie sind, wer Sie sind, heißt **NICHT**, dass Sie nichts verändern können. Es heißt lediglich, dass Sie Sie selbst sind und Ihr eigenes Leben leben. Dass Sie sind, wer Sie sind, ist nicht im Geringsten negativ behaftet!

Jeder kann alles Erdenkliche aus seinem Leben und seiner Persönlichkeit machen. Die Grundvoraussetzung dafür ist selbstverständlich ein gesundes Selbstbewusstsein und vor allem auch die Selbst-Akzeptanz. Es ist wichtig zu verstehen, dass jeder Mensch auf seine eigene Weise individuell besonders ist. Sie haben das Glück, Sie zu sein und alle Möglichkeiten offen zu haben. Versuchen Sie deshalb niemals, jemand anderes zu sein. Akzeptieren Sie sich, denn dass Sie nur diese eine Persönlichkeit und diesen einen Körper haben, ist eine Tatsache, die sich ohnehin nicht ändern lässt!

Stellen Sie sich einmal die Person vor, die Sie sein wollen. Wie wäre es, wenn Sie nicht mehr davon träumen würden, sondern einfach dieser Mensch wären? Niemand hält Sie auf. Werden Sie doch einfach dieser Mensch!

Die wenigsten verstehen, dass man eine Änderung selbst herbeiführen muss. Dass man es selbst in der Hand hat und seine eigene Persönlichkeit entwickeln kann. Die meisten versuchen, ihre Umwelt zu verändern und anderen die Schuld dafür zu geben, dass sie keine Fortschritte machen. Dies sind die Menschen, die viel kritisieren. Die Menschen, von denen wir vorhin gesprochen haben. Die Menschen, die sich die Kritik als faule Ausrede dafür nehmen, dass sie sich selbst nicht entwickeln. Deshalb schwimmen sie mit dem

Strom und kritisieren jeden, der einen anderen Weg sucht: weil sie es selbst nicht geschafft haben und nicht wahrhaben wollen, dass es jemand schaffen kann. So jemand möchten Sie bestimmt nicht sein, oder?

Sie sind, wer Sie sind und das eröffnet Ihnen alle erdenklichen Möglichkeiten. Sie müssen nicht Ihre Umwelt verändern. Sie brauchen sich nur um sich selbst zu kümmern und können alles zu Ihrer Zufriedenheit gestalten.

Kommen wir noch einmal zurück zum Beispiel des ewigen „Ja“-Sagers: Sie müssen nicht Ihre Kollegen verändern oder ihnen aus dem Weg gehen. Sie können einfach ein Mensch sein, dem man keine Schichten aufschwatzt. Sie müssen auch mit niemandem ausgehen, den Sie nicht mögen. Sie können es sich aussuchen.

Ärgern Sie sich niemals darüber, wenn Sie feststellen, dass es eine negative Eigenschaft an Ihnen gibt. Seien Sie doch einfach konstruktiv und verändern Sie etwas so, dass Sie damit glücklich sein können. Möglichkeiten dazu finden Sie in diesem Buch zur Genüge.

3) Objektive Selbstbeobachtung

Um ein ganzheitliches Bild von sich selbst zu bekommen, ist es auch sehr hilfreich, sich selbst objektiv im Alltag zu beobachten. Das bedeutet, dass Sie sich die Fragen, die Sie sich stellen, nicht sofort beantworten müssen, sondern auch erst einmal Beobachtungen anstellen können, um eine bessere Grundlage zur Beurteilung zu erhalten.

Versuchen Sie doch einmal, Ihren Alltag ganz bewusst wahrzunehmen. Haben Sie bestimmte Tagesrituale (Morgenritual, Nachmittagsprogramm, usw.)? Wie ist Ihre Körperhaltung, bzw. Körpersprache? Gehen Sie auf andere Menschen zu oder sind Sie eher der Typ, der angesprochen wird? Wie verhalten Sie sich in solchen Situationen? Wie ist Ihr Umgang mit Ihren Mitmenschen?

Zusammengefasst bedeutet das: versuchen Sie, sich aus der Perspektive eines anderen Menschen wahrzunehmen. So werden Sie Stärken und auch Marotten wahrnehmen, die Sie aus Ihrem subjektiven Blickwinkel nicht entdeckt hätten.

Wenn Sie jemanden aus Ihrem näheren Umfeld kennen, der immer ehrlich und vertrauensvoll zu Ihnen ist, können Sie auch ihn fragen und um eine ehrliche Antwort bitten.

Verlieren Sie die Selbst-Akzeptanz nicht aus dem Blick. Selbst wenn Sie 10 Eigenschaften an sich entdecken, von denen Sie denken: „Ohje, das geht ja gar nicht!“, dann ist das nichts Schlimmes. Schlimm wäre es, wenn Sie es niemals entdecken würden und sich ewig über Ihre Unausgeglichenheit wundern würden. Sie sind, wer Sie sind und wenn es etwas gibt, das Sie zu Ihrem Wohlbefinden verändern möchten, dann können Sie das tun. Die Hauptsache ist, dass Sie ins Handeln kommen. Von nichts kommt nichts! Aber da Sie sich ja bereits mit der Thematik beschäftigen und den ersten Schritt gemacht haben, bin ich sicher, dass es für Sie ein Leichtes sein wird!

4) Sich selbst vertreten und „nein“ sagen

Wenn Sie sich mit sich selbst und Ihren Interessen auseinandersetzen und auch eine gesunde Selbstakzeptanz an den Tag legen, dann ist das eine sehr gute Grundlage. Da Sie nicht allein auf diesem Planeten leben, wird es Zeit, dass auch Ihre Umwelt Ihr neues Selbstbewusstsein wahrnimmt, denn schließlich kommen die Faktoren für mangelndes Selbstbewusstsein von dort.

Wenn Sie sich Ihrer Selbst bewusster sind, dann werden Sie motiviert sein, für Ihre Interessen geradezustehen. Die erste Hürde, der Sie potenziell begegnen werden, ist der Kontakt mit Menschen, die Ihnen etwas aufhalsen wollen, das Sie eigentlich nicht wollen. Wir sprachen ja bereits vorhin darüber, welche Nachteile es mit sich bringt, ein Ja-Sager zu sein. Daher ist es wichtig, dass Sie Ihre Meinung vertreten und auch „nein“ sagen können, ohne einen Streit vom Zaun zu brechen.

Die meisten Leute sagen zu allem möglichen „ja“, da sie das Gefühl haben, dass sie jemanden mit einem „nein“ verletzen könnten. Diese besondere Rücksichtnahme führt nicht selten dazu, dass man selbst den Kürzeren zieht, nur um jemanden nicht vor den Kopf gestoßen zu haben.

Ein weiterer Grund, ständig „ja“ zu sagen ist die Vermeidung von Konflikten. Viele Menschen fürchten sich davor, mit einer Auseinandersetzung konfrontiert zu werden. Das ist auch nicht verwerflich, da Streit und unsachliche

Diskussionen in den allerwenigsten Fällen zu einer vernünftigen Lösung führen. Haben Sie jemals darüber nachgedacht, wie ungerecht das ist? Dass man selbst zurückstecken muss, nur damit es keinen Streit gibt? Dass man seine eigenen Interessen untergraben muss, um die Umgangsfehler anderer auszugleichen? Es **IST** unfair und stets zu Ihren Lasten.

Welchen Grund Sie auch haben mögen, ungern oder niemals „nein“ zu sagen: Sie haben selbst in der Hand, was Sie tun. Sie können für all Ihre Interessen geradestehen und auch „nein“ sagen, ohne dass Sie gleich einen Streit entfachen oder jemanden verletzen. Ich werde Ihnen verraten, wie!

Das Leben muss nicht immer schwarz-weiß sein. Man muss nicht entweder komplett egoistisch sein oder sich absolut für andere aufopfern. Das wunderbare Mittel, das die Wege in der Mitte findet, nennt man einen „Kompromiss“. Der Kompromiss zum „nein“ sagen sieht so aus: Sie sagen „nein“ und wahren somit Ihr Interesse, aber dafür bringen Sie es Ihrem Gegenüber sehr diplomatisch und leicht verständlich bei. So haben beide etwas davon: Sie stehen in keiner Pflicht, weil Sie schon wieder ja gesagt haben und die Person, der Sie das „nein“ mitteilen, fühlt sich nicht direkt zugewiesen. Keine Sorge, das klingt schwieriger, als es ist! Ich werde Ihnen ein paar ganz einfache Phrasen mit auf den Weg geben, mit denen Sie eine Hilfestellung zum „nein“-Sagen haben. Den freundlichen, aber bestimmten Ton müssen Sie allerdings selbst aufbringen :-)

Mir persönlich gefällt der Satz „Nimm es nicht persönlich, aber…“ sehr gut. Er bereitet das Gegenüber schonend darauf vor, dass eine Absage folgen wird, ist jedoch nicht unhöflich. Zum Beispiel, wenn Sie jemand um ein Treffen bittet, das Sie nicht möchten oder Sie darum bittet, eine Schicht für ihn zu übernehmen, dann bietet es sich an zu sagen: „Nimm es nicht persönlich, aber…

- …das möchte ich nicht.“
- …ich habe schon etwas anderes vor.“
- …ich konzentriere mich gerade auf persönlich wichtige Dinge und muss mich um diese kümmern.“
- …das ist ein unpassender Zeitpunkt.“

So einfach! Begründungen müssen Sie niemandem geben, da Sie niemandem Rechenschaft schuldig sind. Stellen Sie sich doch einmal vor, was Sie mit der Zeit, die Sie so für sich gewinnen, anstellen können!

Diese sehr sanfte Variante des „Nein“ ist eine gute Übung, die Sie langsam daran heranführt, sich selbst gegenüber dem Rest der Welt zu vertreten. Sie müssen ja nicht immer ins kalte Wasser springen. Es kann auch einfach gehen. Natürlich gibt es auch andere höfliche Sätze, mit denen Sie „nein“ sagen können. Zum Beispiel: „Ich bin anderer Meinung, aber das ist eben meine persönliche Ansicht.“

Niemand wird gerne abgewiesen. Seien Sie deshalb diplomatisch, wenn Sie „nein“ sagen.

Je öfter Sie zu etwas „nein“ sagen, desto leichter wird es Ihnen fallen und desto mehr wird Ihr Selbstbewusstsein wachsen. In Ihrem Alltag werden ungeahnte Räume entstehen, in denen Sie und Ihre eigenen Interessen Platz finden werden.

Es sind nicht nur Menschen, zu denen Sie „nein“ sagen können. Sagen Sie doch auch „nein“ zu schlechten Angewohnheiten, Zeitverschwendung oder zu sich selbst, wenn Sie mal wieder Gefahr laufen, für andere zu kurz zu kommen.

In einigen Wochen werden Sie so selbstbewusst sein, dass Ihre Umwelt das spüren wird. Entweder wird niemand mehr auf die Idee kommen, Sie in eine unangenehme Lage zu bringen, in der Sie sonst „ja“ gesagt hätten oder es wird Ihnen nicht schwer fallen, zu verneinen. Ein persönlicher Tipp von mir: auch wenn es Ihnen nicht mehr schwer fallen sollte, „nein“ zu sagen, seien Sie stets diplomatisch und weisen Sie niemanden unhöflich ab. So wird man Sie und Ihre Meinung viel eher respektieren.

5) Auf andere Menschen zugehen

Niemand möchte alleine durch das Leben gehen. Menschen sind (davon bin ich überzeugt) Rudeltiere. Sie können nicht mit allen befreundet sein, sie können aber auch genauso wenig allen aus dem Weg gehen und deshalb ist es wichtig, immer in Kontakt zu anderen zu stehen und möglichst auch mit diesen im Reinen zu sein. Wenn Sie von Ihren Mitmenschen als die Person, die Sie sind, akzeptiert (und sogar gemocht) werden, fühlen Sie sich wohler in Ihrer Haut, was Ihre Selbstakzeptanz fördert.

Wenn Sie ein introvertierter Mensch sind oder wenige soziale Kontakte haben, dann hat niemand etwas davon, wenn Sie von heute auf morgen den Kontaktfreudigen spielen und plötzlich wie ausgewechselt der beste Freund von jedem sind. Bevor Sie ins Wasser springen, möchten Sie doch bestimmt erst einmal den kleinen Zeh vorstrecken und es auf Sie zukommen lassen. Sobald Sie erste Erfolge verbuchen können, werden Sie zunehmend Freude an der Sache finden und Stück für Stück leichter auf Menschen zugehen, sowie neue Freunde gewinnen.

In der Schule/Uni oder auf der Arbeit fängt das bei den Kollegen an: ein einfaches und freundliches „Hallo“ oder „Guten Morgen“ ist eine um Längen bessere Kontaktaufnahme, als jemandem aus dem Weg zu gehen! Eine Verabschiedung am Ende des Tages/der Schicht/des Unterrichts ist ebenso eine vorsichtige und produktive Annäherung. Nach ein paar Malen der vorsichtigen

Annäherung kann man dann auch schon einmal fragen, wie es geht und wie der Tag ist. Nur zu! Sie haben nichts zu verlieren. Es ist viel wahrscheinlicher, dass Sie mit jemandem ins Plaudern kommen und gemeinsame Interessen entdecken. So entstehen Freundschaften!

Eine weitere besonders gute Übung ist das Einkaufen! Was das Einkaufen mit menschlichem Kontakt zu tun hat? Keine Sorge, ich werde Ihnen nicht empfehlen, in den Supermarktgängen andere Leute von der Seite anzusprechen. Es geht um den Bezahlvorgang an der Kasse. Mit Kassierern/Kassiererinnen können Sie einen aufgeschlossenen Umgang ganz unverbindlich üben. Wenn ich zum Beispiel in einer Bäckerei ein Brot kaufen gehe, dann betrete ich das Geschäft stets erhobenen Hauptes und wünsche mit einem Lächeln einen guten Tag, wobei ich der netten Person hinter der Theke direkt in die Augen schaue. Ob Sie es glauben oder nicht: heutzutage ist das eine Seltenheit. Ich werde oft so verwundert angeschaut, dass ich mich anfangs fragte, ob ich etwas Schlimmes getan habe.

Probieren Sie es aus und üben Sie diesen Umgang. Auch hier gilt: wenn Sie sehen, dass Sie Erfolg damit haben, wird es Ihnen leichter fallen und Sie werden es gerne tun. Jeder Mensch ist anders und mit je mehr Menschen Sie in Kontakt stehen, desto mehr werden Sie ein Feingefühl für den Umgang mit jeder individuellen Person entwickeln. Das wiederum macht Sie zu einem angenehmen Umgangspartner, was Ihr Selbstvertrauen erheblich steigern wird. Menschen werden in Folge dessen künftig auf Sie zugehen und Sie werden sich in Ihrer Art bestärkt fühlen.

Dass Sie ein wunderbarer Mensch sind, kann niemand wissen, der Sie nicht kennt. Machen Sie daher den ersten Schritt. Öffnen Sie sich ein wenig, zeigen Sie der Welt, was in Ihnen steckt.

Achten Sie stets auf Ihre Körpersprache. Jemand, der mit hängenden Schultern über die Straße schlurft, macht einen schwachen Eindruck. Üben Sie eine aufrechte und selbstsichere Haltung (am Ende dieses Buches wird Ihnen das schon leichter fallen). Schauen Sie sich im Spiegel Ihr Lächeln an. Servieren Sie es auch Ihren Mitmenschen. Führen Sie Handschläge kräftig und entschlossen durch, schauen Sie Ihrem Gegenüber dabei in die Augen. Aufrecht und motiviert zu sitzen, macht auch einen wesentlich selbstsichereren Eindruck als krumm zu sitzen und sich im Stuhl hängen zu lassen. Denken Sie mal darüber nach.

6) Angenehme Umgangsformen

Auf Menschen zuzugehen und mit ihnen in Kontakt zu stehen, kann auf verschiedene Arten geschehen. Wichtig und für Ihr Selbstbewusstsein entscheidend ist der Umgang mit Ihren Mitmenschen. Keine Sorge: Sie müssen kein feiner Snob mit einem riesigen Wissensschatz sein, der mit Fremdwörtern um sich wirft. Es gibt allerdings ein paar kleine Feinheiten, die dazu führen, dass man sich entweder gerne wieder mit Ihnen unterhalten wird oder Sie zukünftig meiden wird.

Um Ihnen eine anschauliche Hilfestellung zu leisten, werde ich Ihnen verraten, wie ich es immer gemacht habe. Man kennt mich dafür, ein sehr angenehmer Gesprächspartner zu sein und andere Menschen freuen sich immer wieder darauf, sich erneut mit mir zu unterhalten. Das für mich Wichtigste ist das Lächeln (darüber werden wir später noch ausführlicher sprechen). Ein freundlicher Auftritt lässt Ihre gute Absicht vermuten und Sie werden stets ein Lächeln zurückbekommen. Im Folgenden liste ich einige Punkte auf, auf die Sie bei zukünftigen Konversationen achten können. Ich garantiere Ihnen, dass Sie positive Resultate erzielen werden. Fangen wir an:

- Schauen Sie Ihrem Gegenüber beim Handschlag in die Augen.

- Halten Sie auch während des Gesprächs regelmäßig Augenkontakt.

- Hören Sie aufmerksam zu.

- Geben Sie Ihrem Gegenüber das Gefühl, dass es wichtig ist, was er/sie zu sagen hat, indem Sie zwischendurch nicken oder akustisch bestätigen.

- Unterbrechen Sie Ihr Gegenüber nicht.

- Lassen Sie sich auch nicht unterbrechen, wenn Sie sprechen.

- Lassen Sie Ihr Gegenüber wissen, dass Sie ihn/sie verstehen und in seiner/ihrer Meinung unterstützen, indem Sie Dinge sagen wie „Absolut verständlich“, oder „Sehe ich genauso.“

- Seien Sie besonnen und lassen Sie sich nicht durch die emotionalen Erzählungen Ihres Gegenübers aufheizen.

- Weisen Sie Ihr Gegenüber in solchen Fällen darauf hin, dass es besser wäre, einen kühlen Kopf zu bewahren.

- Wenn man sich bei Ihnen für das Gespräch, für einen Rat oder für das Zuhören bedankt, antworten Sie mit „Gerne“.

Dies sind einige ganz simple Umgangsformen, die dazu führen werden, dass man sich gerne mit Ihnen unterhalten wird. Man wird Sie dafür mögen und schätzen, dass Sie ein sehr umgänglicher Mensch sind. Diese Bestätigung durch Andere wird Ihr Selbstvertrauen enorm stärken. Auch hier gilt: Übung macht den Meister. Probieren Sie es aus und vergessen Sie nicht, auf Ihre Körpersprache zu achten!

7) Gepflegte Erscheinung

„Was?! Unterstellt Michael Leister mir gerade mangelhafte Hygiene?“

Nein, ich zweifle nicht im geringsten an Ihrer Hygiene. Es geht mich ohnehin nichts an. Als Freund und Ratgeber mag ich Ihnen einfach aufzeigen, weshalb ein besonders gepflegtes Erscheinungsbild Ihnen gut tut. Dazu gibt es einmal die subjektive und die objektive Sichtweise.

Die subjektive Sichtweise:

Entfernen Sie sich von Gedanken über aktuelle Trends, Make-up und Kosmetika. Es ist ein natürliches Wohlgefühl, von dem ich spreche. Wenn die Augenbrauen gestutzt und gezupft sind, das Haar frisch gewaschen und gekämmt ist und die Nägel gepflegt und gefeilt sind, dann fühlt man sich frisch und wie neu geboren. Jeder hat seine Vorlieben und ich kann aus eigener Erfahrung sagen: wenn man unzufrieden ist, hat man schnell mal eine Durchhänger-Phase. Plötzlich ist das alles nicht mehr wichtig, man lässt sich gehen. Dass man der Selbst-Isolation somit Tür und Tor öffnet, ist den wenigsten bewusst. Ein gepflegtes Äußeres ist eine Bestätigung des Selbstwerts. Wenn Sie das Beste aus sich herausholen, dann heißt das, dass Sie es sich wert sind, sich diese „Mühe“ (so mag ich es eigentlich nicht nennen) zu machen. Wenn Sie in den Spiegel schauen und zufrieden sind, weil Sie einen durch und durch frischen und attraktiven Eindruck machen, dann ist es ein wahrer Schub für Ihre Selbst-Akzeptanz. So nehmen Sie sich gerne an! Wissen Sie noch? Sie haben nur diesen einen Körper und dieses eine Erscheinungsbild. Dieses zu mögen heißt, dass Sie zufrieden damit sind, dass Sie gerade dieses Erscheinungsbild haben!

„Kleider machen Leute." Sie kennen diese Redewendung bestimmt und gewissermaßen stimmt das auch. Man kann Menschen durchaus anhand Ihres Erscheinungsbildes besser einordnen. Um sich gepflegt zu kleiden, brauchen Sie keine teure Markenkleidung. Was Sie brauchen ist Kleidung, die Ihnen gefällt. Das muss nicht teuer sein. Jedem steht etwas anderes und wenn Sie etwas tragen, das Ihrer Meinung nach gut zu Ihnen passt, dann fördert das Ihre Zufriedenheit mit sich selbst. Wenn Sie sich im Spiegel ansehen, schauen Sie gut aus! Sie möchten dieses Gesamtbild gerne der Welt präsentieren, also zögern Sie nicht! Strahlen Sie Ihr Selbstbewusstsein nach außen aus!

Eine persönliche Anmerkung: Auf meiner Autorenseite auf Amazon und auch unter den Produktbeschreibungen meiner Bücher können Sie Fotos von mir sehen. Ich habe einen starken Bartwuchs und trotz meiner größten Bemühungen, dem Grau zu entfliehen, hat es mich mittlerweile doch eingeholt und mein Haar befallen. Trotzdem mache ich stets einen akkurat gepflegten Eindruck. Ich bin mit mir zufrieden und kleide mich nicht sonderlich teuer ein. Ich trage das, was mir gefällt und mir meiner Meinung nach gut steht.

Dass ich mich wohlfühle, sieht man mir an und meine Umwelt respektiert dieses Selbstvertrauen.

Die objektive Sichtweise:

Haben Sie schon einmal einen Menschen gesehen, der beispielsweise bunt und schrill gekleidet war und Sie dachten: „Der ist ja mutig, so herumzulaufen"? Sogenannte „Punker" zum Beispiel werden vom größten Teil der Gesellschaft verachtet, obwohl sie den optischen Eindruck verkörpern, der ihnen ihrer Meinung nach am besten steht. Ich persönlich stehe auch nicht unbedingt auf diesen Stil. Aber lieber schaue ich mir solche Menschen an, die das tragen, was sie für richtig halten, als jene, die sich konservativ kleiden und sich dabei sichtlich unwohl fühlen.

Das Erscheinungsbild, mit dem Sie sich am wohlsten fühlen, wird von Ihren Mitmenschen auch als besonders gut wahrgenommen. Wenn Sie sich selbst unwohl fühlen, dann strahlen Sie das auch aus, indem Sie ständig an sich herumzupfen oder die Passform der Hose kontrollieren oder eine gebeugte Körperhaltung haben, da Sie sich schämen. Hier kommt die Selbstakzeptanz wieder ins Spiel: wenn Sie sich selbst gerne so annehmen, wie Sie sind, dann wird Ihre Umwelt das automatisch auch tun.

Und außerdem: Sie machen Ihren Mitmenschen eine Freude, wenn Sie gut aussehen :-)

8) Sport/Bewegung und die Gesundheit

Eine unwiderrufliche Tatsache ist: Sie haben nur diesen einen Körper. Solange keine bahnbrechenden Wunder in der medizinischen Wissenschaft geschehen, wird das auch so bleiben. Aus diesem Grund gehört die Erhaltung der Vitalität zu unseren höchsten Prioritäten.

Was lange nicht bewegt wird, das setzt sich fest. Das sage ich in nahezu all meinen Publikationen und ich möchte, dass auch Sie dieses wichtige Prinzip verinnerlichen. Der menschliche Körper ist unser Werkzeug, um den Alltag zu bewältigen und bei schlechter Wartung und mangelhafter Benutzung erleidet dieses „Werkzeug“ Schäden, was uns im Alltag plötzlich einschränkt. Ein Körper ist nicht wie ein Auto, bei dem man die Teile einfach auswechseln kann. Deshalb sollte man immer gut darauf achten, um nicht plötzlich irgendwann deprimiert festzustellen, dass man von nun an eingeschränkt sein wird. Fragen Sie mal einen Menschen mit einem körperlichen Handicap! Er wird Ihnen bestätigen können, was ich sage. Im Klartext heißt das also für einen selbstbewussten Menschen: Sport machen, sich bewegen, die Gesundheit fördern.

Sport hat natürlich auch einen kosmetisch wertvollen Aspekt. Wer in den Spiegel schaut und einen athletischen Körper erblickt, der nimmt sich gerne so an (Stichwort „Selbstakzeptanz“). Selbstverständlich hat es rein oberflächlich betrachtet auch einen gesellschaftlichen Vorteil: ein athletischer Körperbau gilt in der heutigen

Gesellschaft als attraktiv. Sie wirken somit auf Ihre Umwelt anziehender. Ihre gesamte Körperhaltung wird einen Wandel erleben. Sie werden sich der Welt stolz präsentieren wollen. Zögern Sie nicht.

Selbstbewusst zu sein heißt auch, ein vernünftiges Bewusstsein für seine Gesundheit zu haben. Es ist verrückt: viele Menschen pflegen Besitztümer akribisch. Mein liebstes Beispiel ist das Auto. Man wäscht es, pflegt es, tankt es, wartet es regelmäßig, belastet es nicht über seine Grenzen hinaus und bedauert jeden noch so kleinen Kratzer. Behandeln Sie auch so Ihren Körper? Ernähren Sie sich optimal, schonen Sie sich und bedauern Sie jeden Kratzer? Auf seine Gesundheit zu achten ist nichts, was man zwischendurch macht. Es ist ein ganz eigener Lifestyle. Ein Lifestyle, der Ihr Selbstbewusstsein beflügeln wird. Es auszuprobieren, kann nur von Vorteil sein. Nur zu!

9) Ordnung

Ob Sie es glauben oder nicht: Die Ordnung in Ihrer Wohnung, in Ihrem Auto oder sogar auf Ihrem Schreibtisch lässt Rückschlüsse auf die Ordnung in Ihrem Leben schließen.

Wenn Sie um sich herum Ordnung schaffen, dann geben Sie sich und Ihrem Unterbewusstsein damit auch das Sinnbild, innerlich aufzuräumen und klarer zu werden. Ordentliche Menschen werden automatisch als sehr diszipliniert und selbstbewusst wahrgenommen, weil es heutzutage eben nicht selbstverständlich ist.

Unordnung lässt auf eine verlorene Übersicht und Überforderung schließen. Wo es chaotisch aussieht, da läuft es vermutlich auch so. Dies ist ein guter Grund, warum Sie Wert auf Ordnung legen sollten. Räumen Sie in Ihrem Leben auf. Innerlich wie äußerlich. Sie werden sich ausgeglichener fühlen, was Ihnen ein großes Stück Selbstvertrauen (wieder)geben wird.

10) Ziele setzen und erreichen

„Der Weg ist das Ziel.“ Haben Sie diesen Blödsinn auch schon einmal gehört? Meiner Meinung nach ist es die am hübschesten verpackte Ausrede der modernen Zeit. Eine Ausrede für all jene, die einfach etwas machen, in der guten Hoffnung, dass sie irgendwo auskommen werden, wo man es halbwegs aushalten kann. Und wenn es zu nichts führt: naja, man hat es eben versucht.

Darf ich Ihnen verraten, was meiner Meinung nach wirklich das „Ziel“ ist? Halten Sie sich fest: es ist das Ziel (Überraschung!). Ziele setzen wir uns, damit wir merklich vorwärts kommen. Wir haben Ambitionen, die uns unentwegt vorwärts treiben und immer, wenn wir ein gesetztes Ziel erreichen, dann wissen wir, dass wir uns nicht im Kreis gedreht haben und auch nicht auf der Stelle umhergetreten sind.

Jedes Mal, wenn Sie ein von sich gestecktes Ziel erreichen, dann gibt es Ihrem Selbstbewusstsein und auch Ihrem Selbstvertrauen einen gehörigen Schub. Ich werde Ihnen auch sagen, warum. Ein Ziel zu erreichen, erweckt drei sehr wichtige Gedanken in Ihrem Bewusstsein:

- „Ich habe es geschafft. Ich kann das.“
- „Wenn ich das jetzt geschafft habe, dann werde ich es jederzeit wieder schaffen können.“

- „Wenn ich es bis hierhin geschafft habe, dann werde ich auch das nächste Ziel erreichen.“

Dies sind sehr produktive Gedanken, die Sie gerne genießen können und die Sie stets vorwärts treiben. Um einmal von konkreten Zielen und ihrem Erreichen zu sprechen: ich spreche von sportlichen Leistungen, auf die Sie hintrainiert haben. Von Fortschritten beim Spielen eines Instrumentes. Bei der Gewichtsabnahme. Beim Vervollständigen einer Sammlung oder vielleicht sogar beim Erreichen von mehr Selbstbewusstsein!

Ein selbst gestecktes Ziel zu erreichen, ist ein tolles Gefühl und deshalb wollen wir es so oft wie möglich fühlen! Wie stellen wir das konkret an? Die Lösung heißt: Zwischenziele!

Eine Rallye wird in mehreren Etappen gefahren und nicht an einem Stück. Das liegt daran, dass es nicht möglich wäre, das Endziel an einem Tag zu erreichen. Stattdessen teilt man den gesamten Weg so auf, dass es realistische Zwischenziele gibt, die man Stück für Stück erreichen kann. So bleiben die Teilnehmer fit, motiviert und können jeden Tag ihre Bestleistung frisch an den Tag legen.

Viele Dinge im Leben (z.B. die, die wir vorhin angesprochen haben) brauchen Zeit und Durchhaltevermögen. Es lässt sich eben nicht alles auf der Stelle schaffen und deshalb geht den meisten Menschen früh die Puste aus, wenn sie nicht sofort erreichen, was sie erreichen wollen. Die Motivation geht verloren, da das Ziel doch zu sehr in weiter Ferne steckt.

Ganz simpel ausgedrückt: machen Sie aus einer geplanten Strecke von 1000 Metern doch einfach 10 Etappen von je 100 Metern. Diese (sinnbildlichen) 100 Meter sind wesentlich leichter zu bewältigen und geben Ihnen ein Erfolgserlebnis. Nach 9 weiteren Etappen werden Sie nicht nur Ihr Ziel erreicht haben, sondern auch hochmotiviert sein, da Sie insgesamt 10 Erfolgserlebnisse statt nur einem hatten!

Immer, wenn Sie sich etwas vornehmen, dann haben Sie einen Weg vor sich und selbstverständlich auch Arbeit. Aber das ist kein Grund, gar nicht erst anzufangen. Wir arbeiten Tag für Tag für Geld. Also können wir doch auch für etwas wesentlich Wichtigeres arbeiten: für unser Selbstbewusstsein und für unser Wohlbefinden. Es wurde noch kein Berg an einem Tag bestiegen. Jede noch so große Aufgabe verliert ihren Schrecken, wenn sie nicht mehr unüberwindbar riesig ist, sondern aus überschaubaren Etappen besteht. Alles lässt sich in solche Etappen einteilen.

Wenn Sie zum Beispiel auf Ihren Weg zu mehr Selbstbewusstsein schauen, können Sie ihn auch vereinfachen, indem Sie sich realistische Zwischenziele stecken. Nehmen wir mal an, dass Sie sich nicht zutrauen, vor einer großen Menschenmenge einen Vortrag zu halten, aber das ist es, was Sie am liebsten tun würden. Vom aktuellen Standpunkt aus ist es eine unüberwindbare Hürde, so wie immer. Nun haben Sie aber die Möglichkeit, den Weg dorthin mit Zwischenzielen zu spicken, die Ihnen eine gute

Übung sind, Sie motivieren und Sie bei Laune halten. Das erste Zwischenziel könnte sein, auf mehr Leute zuzugehen und sie freundlich zu grüßen, wie wir vorhin besprochen haben. Wenn Sie das geschafft haben, kommt es Ihnen gar nicht mehr so schwer vor. Der nächste Schritt könnte sein, ein wenig mehr ins Plaudern zu kommen und ein paar Interessen auszutauschen. Von dort aus wäre es gar nicht mehr so schwer, vor einer kleinen Gruppe von Freunden zu sprechen, da Sie mittlerweile ja schon mit „Fremden" nette Gespräche führen. Wenn Sie dann auch dabei merken, dass es Ihnen nicht schwergefallen ist, dann sind Sie bereit für einen weiteren Schritt und das geht weiter, bis Sie schließlich vor einer großen Ansammlung von Menschen stehen und einen Vortrag halten. Wichtig ist, dass Sie das Ziel kennen und sich nicht verirren oder stehen bleiben. Bleiben Sie motiviert, feiern Sie für sich jedes erreichte Zwischenziel und der Erfolg wird Ihnen sicher sein!

11) Aufgaben sofort erledigen

Wo wir schon von Zielen sprechen: auch ein lockeres Zwischenziel stellt eine Aufgabe dar. Die kleinste Aufgabe ist eben auch eine Aufgabe. Und es sind die kleinen Dinge im Leben, vor denen wir uns am liebsten drücken.

Diesen Abschnitt möchte ich kurz und knackig halten, denn er enthält nur eine Botschaft: erledigen Sie anstehende Aufgaben stets zeitnah und schieben Sie nichts auf. Dieses simple Prinzip hat den Erfolg in meinem Leben unwahrscheinlich rasant vorangetrieben. Wer kleine Aufgaben niemals aufschiebt, sondern sofort erledigt, der lernt eine Effizienz kennen, die er zuvor niemals erlebt hat.

Jede bewältigte Aufgabe ist nun mal eine bewältigte Aufgabe. Mit jedem Mal wächst Ihr Selbstvertrauen und bei jeder vermeintlichen Hürde wissen Sie unterbewusst: „Ich erledige so viel in Windeseile. Auch das schaffe ich."

Wer ständig etwas vor sich hinausschiebt, häuft einen Berg an unerledigten Dingen an. So entstehen vollkommen unnötige Mammutsaufgaben, die eigentlich gar keine Daseinsberechtigung haben.

Einst unterhielt ich mich mit einem Motivationscoach über Effizienz und das Erledigen von unangenehmen Aufgaben. Er sagte mir: „Die unangenehmste Aufgabe meines Tages erledige ich als allerserstes. Wenn es etwas ist, das ich zu Hause erledigen muss, dann mache ich das noch direkt vor meinem ersten Kaffee. Was gibt es besseres, als befreit in den Tag zu starten und kein lästiges Pflichtbewusstsein im Hinterkopf zu haben?“

Übung macht den Meister. Auch das Erledigen von Aufgaben lässt sich üben. Diese simple Steigerung der Effizienz kann Sie zu einem echten Problemlöser machen. Probieren Sie es einfach aus.

12) Erfolge bewusst wahrnehmen

Erfolg ist ein tolles Gefühl. Es gibt uns Bestätigung und belohnt uns für das Engagement, das wir in eine Sache gesteckt haben. Aber was ist eigentlich ein Erfolg? Was verdient es, gefeiert zu werden und was wäre bereits übertrieben?

Wer sich unter Erfolg Dinge vorstellt, wie z.B. das Verdienen der ersten Million, das Kaufen eines teuren Hauses oder das Gewinnen einer sportlichen Weltmeisterschaft, der wird vermutlich selten einen Erfolg feiern.

Für mich ist Erfolg, wenn ich etwas zu meiner Zufriedenheit geschafft habe. Trotz großartiger Meilensteine in meinem Leben kann ich mich sogar dafür begeistern, wenn ich auf der Gitarre ein neues simples Stück erlerne. Es gibt mir Selbstvertrauen!

Gerade, wenn Sie dabei sind, sich Ziele und Zwischenziele zu setzen, sollten Sie Ihre Erfolge und das Erreichen der Zwischenziele ganz bewusst wahrnehmen! Belohnen Sie sich, wenn Sie eine Etappe geschafft haben. Schauen Sie auf Ihren Triumph und sehen Sie, dass Sie es können. Sie haben es soeben bewiesen!

Der Vergleich ist ein Grund zur Unzufriedenheit. Vergleichen Sie Ihre Erfolge daher niemals mit denen anderer Menschen. Sie leben Ihr eigenes Leben und in Ihrer Welt zählen nur Sie selbst und was Sie für sich erreichen möchten. Es wird immer jemanden geben, der schneller läuft, mehr Freunde hat, höher gewachsen ist oder mehr Geld verdient. Aber diese Menschen leben auch ihr eigenes Leben. Ich schreibe dieses Buch nicht, um den Menschen Rat zu geben, mit denen Sie sich vergleichen. Wir sind nur für Sie hier!

Ihre Erfolge werden Ihnen mehr Selbstvertrauen geben, das sich positiv auf Ihre gesamte Lebenssituation auswirken wird. Ihre Selbstakzeptanz wird steigen, da Sie sich Stück für Stück zu einem selbstbewussteren und erfolgreichen Menschen entwickeln. Feiern Sie auch hier jeden kleinen Erfolg auf diesem Weg.

13) Stärken fördern

Jeder ist in irgendetwas besonders gut. Auch Sie! Worin sind Sie besonders gut? Gibt es eine Sportart, für die Sie ein gewisses Geschick besitzen, sind Sie an einem Instrument talentiert oder haben Sie ein gutes Gespür für Gemütslagen? Sind Sie vielleicht besonders gut im Autofahren? Ich weiß es leider nicht, obwohl es mich ehrlich interessieren würde.

Was auch immer es ist, worin Sie gut sind: machen Sie es öfter als sonst. Fördern Sie Ihre persönlichen Stärken, um mehr Erfolge in Ihrem Alltag verbuchen zu können. Das, was Sie gerne und gut tun, das machen Sie am besten! Wenn Sie etwas gut machen, dann merken Sie das und sind zufriedener. Ihr Selbstvertrauen wächst durch das Perfektionieren Ihrer Fertigkeiten und Ihr Selbstbewusstsein nimmt zu, da Sie sich mit dem, was Sie tun, identifizieren können.

Wenn Sie sich vermehrt mit sich und Ihren Interessen beschäftigen, werden Sie mit Sicherheit auch einige neue Talente an sich entdecken. Wenn das geschieht: dranbleiben! Fördern Sie Ihre Stärken und Talente. So kommen Sie Ihrer Leidenschaft und dem optimalen Lebensweg näher. Stellen Sie sich vor, wie sich alles verändern könnte. Bald schon könnten Sie ein selbstbewusster Mensch sein, der von allen anerkannt wird, zu seiner Meinung steht, zahlreiche Erfolge in seinem Alltag verbucht und als Hobby seine Talente pflegt! Das alles wird möglich sein und es sind keine schweren Schritte dorthin.

Vorhin sprachen wir darüber, Erfolge bewusst wahrzunehmen. Tun Sie das auch im Ausüben Ihrer Stärken. Feiern Sie Ihre Erfolge und beobachten Sie Ihre Entwicklung. Seien Sie stolz auf sich. Seien Sie stolz darauf, dass Sie diese Zeilen lesen und etwas verändern möchten. Jetzt sind Sie am Drücker. Das Leben ist schön und Sie haben das Privileg, es voll auskosten zu können.

14) Etwas erschaffen

Ich erregte etwas Aufmerksamkeit, als ich in meinem Buch „30 Gedanken, die Ihr Leben bereichern werden“ darüber schrieb, dass wir Menschen Schöpfer sind, ganz nach dem Vorbild Gottes. Ich bin nicht religiös und hinter dieser Aussage steckt rein gar nichts Blasphemisches. Es ist doch so: im christlichen Glauben wird beschrieben, dass Gott den Menschen nach seinem Vorbild schuf. Auch wenn ich nicht religiös bin und nicht daran glaube, gefällt mir diese Vorstellung. Denn die Gabe des Erschaffens wurde uns Menschen mit auf den Weg gegeben und somit haben wir eine göttliche Eigenschaft.

Wo auch immer Sie gerade sind: schauen Sie sich um. Nahezu alles, was Sie sehen können, wurde von Menschenhand geschaffen. Etwas beginnt als Vision im Verstand einer Person und manifestiert sich schließlich in der Realität. Das ist wunderbar! Die Zeilen, die Sie gerade lesen, haben auch als Vorstellung in meinem Verstand angefangen und liegen nun in Ihren Händen, um sich in Ihrem Verstand weiterzuentwickeln.

Da Sie auch ein Mensch sind, haben Sie logischerweise dieselbe Gabe. Stellen Sie sich doch einmal die Frage, ob Sie eher ein Konsument sind, also sich an dem erfreuen, was andere erschaffen oder ob Sie ein Schöpfer sind und auch Dinge aus Ihrer Imagination heraus erschaffen. Das kann alles Mögliche sein: ein Buch, eine Geschichte, ein Lied, eine Skulptur, ein Bild, ein Film, oder etwas handwerklich

Angefertigtes. Ich frage Sie das aus folgendem Grund: etwas zu erschaffen, beflügelt Ihr Selbstbewusstsein. Sie haben diese Gabe und Sie sollten sie aus mehreren Gründen nicht ungenutzt lassen:

- Es bestätigt Sie im Ausüben Ihrer Talente.
- Sie erfreuen mit Ihrer Schöpfung andere Menschen und helfen ihnen vielleicht sogar!
- Sie verbuchen Erfolge.
- Die Bewunderung anderer, die Ihnen zuteil wird, stärkt Ihr Selbstvertrauen und Ihre Zufriedenheit.

Etwas Nachhaltiges zu erschaffen, macht Sie stolz auf sich selbst. Es hilft auch bei der Identitätsfindung, da Sie sich üblicherweise nur die Mühe machen, etwas zu schöpfen, das Sie wirklich interessiert.

Also falls Sie eher ein Konsument sind: machen Sie doch mal einen kleinen Anfang. Es kann Ihnen nur gut tun.

15) Kritik einordnen und verarbeiten

Die allgegenwärtige Kritik haben wir im ersten Teil des Buches als Grund für mangelndes Selbstbewusstsein kennengelernt. Auch wenn wir das Thema bereits angeschnitten haben, möchte ich noch einmal darauf eingehen. Kritik kann gefährlich sein und Ihre Fortschritte im Entwickeln eines neuen Selbstbewusstseins sabotieren.

Meiner Meinung nach gibt es drei Situationen, in denen Sie kritisiert werden:

- Wenn Sie um ehrliches Feedback zu einer bestimmten Sache bitten,
- wenn jemand auf Sie zukommt und Sie ehrlich und konstruktiv auf einen Missstand hinweisen möchte,
- wenn jemand Ihnen schaden möchte.

Prinzipiell lässt sich jede Art der Kritik, die Sie erhalten, zu einer dieser Situationen zuordnen. Entscheidend ist, wie Sie damit umgehen. Wenn Sie gut gemeinte Kritik vehement abwehren, tun Sie sich und Ihrem Gegenüber keinen Gefallen damit. Wenn Sie sich sinnlose Kritik, die einfach nur verletzen soll, zu Herzen nehmen, machen Sie einen Fehler und lassen zu, dass man Sie ungerecht behandelt. Aus diesem Grund ist es so wichtig, Kritik korrekt einzuordnen und entsprechend zu verwerten.

Situation 1:

In dieser Situation bitten Sie jemanden um ehrliches Feedback. Die Optionen sind denkbar einfach. Sie haben um eine Meinung gebeten, also ist die Konfrontation unausweichlich. Wenn Sie gelobt werden, ist das natürlich ein Grund zur Freude. Menschen, die Sie um ehrliche Kritik bitten, sind oft Vertrauenspersonen, bzw. Freunde. Sie werden selten (oder hoffentlich nie) von solchen Leuten eine unsachliche und beleidigende Rückmeldung erhalten. Somit erhalten Sie eine (oder mehrere) objektive Meinung(en), womit Sie etwas anfangen können, um Ihre Arbeit/Einstellung/Leistung oder was auch immer besprochen wird, optimieren zu können. Diese Art der Kritik lässt sich leicht einordnen, da Sie ausdrücklich darum bitten und da Sie von keiner ausfallenden Rückmeldung ausgehen, fällt Ihnen der Umgang damit auch nicht schwer.

Situation 2:

In dieser Situation geht es um die meiner Meinung nach beste Kritik, die Sie erhalten können: jemand kontaktiert Sie aus eigenem Antrieb, um Ihnen eine konstruktive Meinung mitzuteilen. Dazu möchte ich Ihnen gerne ein Beispiel geben:

Sie haben sich dieses Buch zu Ende durchgelesen und der Inhalt hat Ihnen wirklich gut gefallen. Sie haben aber das Gefühl, dass es nicht perfekt ist. Vielleicht hätten Sie sich mehr als 25 Möglichkeiten für mehr Selbstbewusstsein gewünscht oder vielleicht finden Sie das Cover nicht ansprechend genug. Sie haben einfach das Gefühl, dass ich nicht das volle Potenzial aus diesem Buch geschöpft habe und möchten es mir mitteilen, damit zukünftige Leser einen noch kompetenteren Ratgeber erhalten. Aus diesem Grund schreiben Sie mir eine E-Mail, in der Sie mir Ihre Gedanken und Verbesserungsvorschläge mitteilen. Für mich als Empfänger dieser Rückmeldung ist das eine ideale Möglichkeit, dem Buch den Feinschliff zu geben, den ich aus meiner subjektiven Sichtweise heraus nicht erkannt habe. Selbstverständlich heißt das aber nicht, dass ich diesen Anregungen entgegengehen muss. Schließlich könnte es Ihnen persönlich zum Beispiel gefallen, wenn auf dem Cover ein Eichhörnchen ist (weshalb auch immer). So sehr ich das auch schätzen würde: es ist einfach nicht zum Thema passend.

Wenn jemand von sich aus die Initiative ergreift, um Ihnen ehrliche und konstruktive Kritik mitzuteilen, in der er sowohl auf Ihre Stärken, als auch auf die Schwächen eingeht, dann steckt eine gute und selbstlose Absicht dahinter. Sie erkennen so etwas ganz leicht daran, dass man Sie weder in den Himmel lobt, noch in den Boden stampft und auch auf wesentliche Punkte eingeht.

Sie würden es sehr zu schätzen wissen, ein solches Feedback zu erhalten, oder nicht? Aus diesem Grund bietet es sich an, dass auch Sie gelegentlich die Gelegenheit beim Schopfe packen und jemandem eine konstruktive Bewertung für seine Arbeit, sein Projekt oder sein Verhalten geben. Eine tolle Möglichkeit, um das zu üben, wäre zum Beispiel eine Rezension zu diesem Buch auf Amazon abzugeben oder mir zu schreiben (leister-michael@web.de). Ich möchte wissen, was meinen Lesern gefällt und was ich noch besser machen kann. Es interessiert mich, ob ich Ihnen helfen konnte und ob Sie sich noch mehr Inhalte wünschen. Wenn Sie also auch das Geben einer Rückmeldung üben möchten, ist dies Ihre Möglichkeit. Ich weiß es sehr zu schätzen!

Situation 3:

In dieser Situation stehen Sie schwer unter Beschuss. Sie stehen solchen Beleidigungen und unsachlichen Argumenten gegenüber, wie wir Sie bereits in Teil 1 des Buches besprochen haben. Über eine solche Situation zu sprechen, ist mir sehr wichtig. Im Laufe meines Lebens habe ich einige Menschen kennengelernt, die sich selten auf andere Art und Weise ausdrücken und ich habe eines gelernt: wer sich so etwas zu Herzen nimmt, ist noch dümmer als sein Gegenüber!

Hinter jeder Beleidigung (ja, so nenne ich unsachliche Kritik) steckt nichts als Neid, Eifersucht, Unzufriedenheit und mangelndes Selbstbewusstsein. Menschen, die Sie beleidigen, versuchen Sie auszubremsen, damit Sie sie nicht überholen können. Wenn Ihnen zum Beispiel jemand sagt

„Du bist zu dick“, dann bedeutet es nur, dass diese Person sich unwohl in der eigenen Haut fühlt und Sie herunterziehen möchte, damit sie sich nicht alleine schlecht fühlt. Legen Sie keinen Wert darauf! Solche Menschen rechtfertigen ihr Tun gerne mit Argumenten wie „Ich mache das nur, um dir zu helfen“, oder „Ich muss es so krass ausdrücken, um dir die Augen zu öffnen.“

Das ist einfach nur Blödsinn! Lassen Sie sich niemals so einen Unsinn erzählen, denn wenn jemand Ihnen mit seiner Kritik wirklich helfen möchte, dann wird er das wie in Situation 2 tun.

Wenn jemand auf mich zukommt und sagt „Dein Bart steht dir wirklich gut, aber bei der Länge schaut es langsam ungepflegt aus“, dann mache ich mir Gedanken darüber, ob es nicht vielleicht wirklich ratsam wäre, das Haar zu stutzen. Kommt aber jemand auf mich zu und sagt „Dein Bart sieht scheiße aus“, dann stehe ich einfach darüber und weiß, dass da vermutlich jemand aufgrund schwachen Haarwuchses eifersüchtig ist. So banal es klingt: es ist einfach so.

Halten Sie sich vor Augen, dass jemand mit unsachlicher Kritik und Beleidigungen immer nur versuchen wird, Sie auf seine Stufe hinunterzuziehen. Beleidigen Sie deshalb auch niemanden zurück. Ein selbstbewusster Mensch ist sich der Charakterschwäche seines Gegenübers bewusst und steht einfach darüber.

Ich hörte neulich einen sehr amüsanten Spruch, aber leider weiß ich nicht, von wem er stammt. Er lautet: „Lasse dich niemals auf das Niveau eines Idioten herunterziehen. Dort ist er erfahrener als du und du wirst machtlos sein."

Unsachliche Kritik zu erkennen, ist offensichtlich nicht schwer. Der Umgang damit wird Ihnen mit diesem Wissen im Gepäck hoffentlich wesentlich leichter fallen.

16) Seiner Linie treu bleiben

Ich bin der Meinung, dass man mit offenen Augen und aufgeschlossenem Geist durch das Leben gehen sollte. Schon in anderen Büchern habe ich ausführlich darüber gesprochen, dass dies unerlässlich für die persönliche Entwicklung und den maximalen Lebensgenuss ist. So sehr ich auch davon überzeugt bin, gibt es eine Sache, die sich möglichst nie ändern sollte: Ihre Linie.

Die persönliche Linie ist etwas sehr schwer greif- oder definierbares. Die eigene Linie, der rote Faden, der durch das Leben führt, kann sich nach Lust und Laune leicht ändern. Ich spreche hier von moralischen Grundsätzen und einer Lebenseinstellung.

Um Ihnen ein persönliches Beispiel zu geben: ich war nicht immer so aufgeschlossen wie heute und das, worüber ich schreibe, musste ich auch erst über viele Jahre hinweg erfahren und lernen. Es gibt aber eine Sache, die sich nie geändert hat: ich war nie ein aggressiver Mensch. Ich habe schon immer versucht, Konflikte möglichst diplomatisch zu lösen. Meine Meinung habe ich niemals gewaltsam oder radikal durchgesetzt, sondern stets logisch und argumentativ. Ich gehörte niemals zu den Menschen, die viel Alkohol trinken und beim Feiern über ihre Grenzen gehen. Extremsituationen zu vermeiden, war schon immer ein persönliches Anliegen. So kenne ich mich und dies ist eine tragende Säule meines Selbstbewusstseins. Alle Erfahrungen, die ich mache, passe ich an mein entspanntes

Gemüt an und jede Konfliktsituation versuche ich auf die für mich bewährte Art und Weise zu lösen. Das ist meine Linie, so gehe ich durch das Leben.

Was ist Ihre Linie? Wofür kennen Sie sich? Woran passen Sie Ihre Erfahrungen an?

Es ist wichtig, dass Sie mit dieser „Linie“ zufrieden sind. Wenn Sie zum Beispiel gerade darüber nachdenken und merken, dass Sie alles darauf ausrichten, sich selbst in den Hintergrund zu stellen und anderen zu helfen, dann sollten Sie ins Handeln kommen und diese Linie neu legen. Schließlich geht es um Sie. Wenn Sie eine Linie, einen charakterlichen Grundsatz haben, mit dem Sie zufrieden sind und mit dem Sie sich identifizieren können, dann bleiben Sie dieser Linie treu.

Eigenschaften und Meinungen verändern sich im Laufe des Lebens, das ist völlig normal. Aber Sie haben ein Wesen, eine natürliche Grundhaltung, die Sie auszeichnet. In diesem Buch geht es darum, dieses Wesen, Ihre Natur kennenzulernen und sich damit anzufreunden. Stellen Sie sich einmal vor, Sie müssten sich ständig neu kennenlernen, weil die kleinste Erkenntnis zu einem beliebigen Thema Sie komplett verändert. Wie könnten Sie noch selbstbewusst sein? Wir Menschen brauchen viele Jahre, um unsere Linie zu finden und ein solides Selbstbewusstsein aufzubauen. Es wäre so, als müssten Sie ständig einen fremden Menschen von Grund auf kennenlernen.

Meiner Meinung nach ist es enorm wichtig, diese eigene „Linie“ zu finden. Sie setzt sich zusammen aus Ihren natürlichsten Eigenschaften und moralischen Grundsätzen. Sie ist ein Begleiter und roter Faden in Ihrem Leben und ist Ihnen beispielsweise bei Entscheidungsfindungen eine große Hilfe und ein Orientierungspunkt.

Sich und seine Linie zu kennen und vor allem dieser Linie treu zu bleiben, ist ein starker Indikator für ein nachhaltiges Selbstbewusstsein und das ist es schließlich, worum es in diesem Buch geht.

17) Konsequent sein

Hach ja, die Konsequenz ist so eine Sache für sich. Streng genommen sind wir ja unter uns, also sind wir doch mal ehrlich: wie viele gute Vorsätze hatten Sie schon zum neuen Jahr und wie viele haben Sie durchgezogen? Wie viele letzte Warnungen haben Sie schon ausgesprochen und wie viele letzte Mahnungen haben Sie schon erhalten? Wie oft haben Sie eine Diät begonnen und wie oft haben Sie durchgehalten? Es ist einfach nicht leicht, konsequent zu sein. Wir finden schnell einen Grund dafür, etwas nicht durchzuziehen. „Bei dem heißen Wetter hält doch keiner eine Diät aus", oder „Das konnte ich ihm nicht wirklich antun, also habe ich es ihm durchgehen lassen", oder vielleicht „Ich MUSSTE den Kuchen einfach essen, da ihn sonst keiner gegessen hätte und er im Müll gelandet wäre."

Konsequente Menschen wirken in unseren Augen immer besonders erfolgreich. Menschen, die stramme Zeitpläne einhalten, ihre harten Sportprogramme durchziehen oder einen so eisernen Willen haben, dass man sich nicht vorstellen kann, ihn zu brechen, haben so etwas an sich. Etwas Bewundernswertes. Wer würde nicht auch gerne so sein? Tatsächlich ist es gar nicht so schwer, mehr Konsequenz in seinen Alltag zu bringen. Ich möchte Ihnen eine Hilfestellung leisten.

Erst einmal sollten wir festhalten, dass es Ihrem Selbstvertrauen schadet, wenn Sie nicht konsequent sind. Etwas durchziehen zu wollen (was auch immer es ist) ist eine

Zielsetzung. Sein Ziel nicht zu erreichen, fühlt sich wie ein Misserfolg an und spätestens seit dem ersten Teil des Buches wissen wir, dass der Misserfolg am Selbstvertrauen kratzt. Die meisten Menschen denken an dieser Stelle, dass man einfach noch härter an seiner Konsequenz arbeiten muss. An sich zu arbeiten und sich so zu entwickeln, ist mit Sicherheit eine vernünftige Grundeinstellung, aber es führt dazu, dass Sie sich unter Druck setzen, verkrampfen und noch weniger Erfolg haben werden. Man kann es sich auch leichter machen.

Zuerst möchte ich an den Abschnitt „Ziele setzen und erreichen" erinnern. Oft sind wir nicht konsequent genug, da wir uns eine Mammut-Aufgabe aufhalsen und irgendwann merken, dass es einfach zu viel und nicht zu schaffen ist. Die Gründe dafür sind zahlreich (schlechte Organisation, mangelnde Motivation, Rückschläge, andere Prioritäten, etc.), aber um die geht es ohnehin nicht. Es ist wesentlich einfacher, sich eine große Aufgabe in mehrere Abschnitte aufzuteilen. Wie im angesprochenen Abschnitt besprochen, bleibt die Motivation aufrecht erhalten und man macht immer weiter, denn: wenn man die ersten Hürden genommen hat, ist der Rest ein Kinderspiel.

Es gibt noch einen Grund, weshalb es uns oft sehr schwerfällt, konsequent zu sein: wir betrachten die Dinge, die wir uns vornehmen, als eine schwierige Aufgabe oder Last. Ich gehe mal einfach davon aus, dass Sie nicht unbedingt gerne staubsaugen. Es ist eben eine notwendige

Aufgabe, die Sie regelmäßig hinter sich bringen und bis zum nächsten Mal möglichst weit hinter sich lassen. Genauso verhält es sich oft mit den Dingen, in denen wir nicht konsequent sind! Nehmen wir eine Diät als Beispiel: die meisten Menschen zwingen sich zu einer besseren Ernährung, versuchen wirklich hart, den Ernährungsplan nicht schleifen zu lassen und zwingen sich regelmäßig zu einem Workout. Wer sich durchquält, wird kurzfristig Erfolge erzielen, aber nicht langfristig. Nur wer aus dem Sport und der gesunden Ernährung einen Lifestyle macht, also es in Alltag und Leben als festen Bestandteil integriert, der wird auch langfristig erfolgreich sein. Der wird die nötige Konsequenz aufbringen, da gesunde Ernährung nicht mehr „gesunde Ernährung“, sondern „alltägliche Ernährung“ ist. Das Sportprogramm wird zur alltäglichen Übung wie das Morgenritual.

Es verhält sich nicht anders mit der Kernaussage dieses Buches: wenn Sie „mal“ selbstbewusst sein wollen, dann werden Sie auch nur ein oder zwei „mal“ in einer bestimmten Situation selbstbewusst auftreten und ansonsten wieder in alte Muster zurückkehren. Das Ziel ist es, ein nachhaltiges Ergebnis zu erreichen. Bei einer Diät ist es nicht anders. Sie möchten ja schließlich nicht zwei Monate lang fasten und sich streng ernähren, um danach wieder zuzunehmen. Der berühmte „Jojo-Effekt“ beschreibt nichts anderes als mangelnde Konsequenz.

Ideal ist es natürlich, seinen Alltag seiner Zielsetzung anzupassen. Sie erhalten in diesem Teil des Buches viele kleine Ziele, die Sie sich auf dem Weg zu nachhaltigem Selbstbewusstsein setzen können. Diese erreichten Ziele können Sie nach und nach in Ihren Alltag integrieren, anstatt sie einfach nur als erreicht abzuhaken und hinter sich zu lassen. So entwickeln Sie sich Stück für Stück zu der Person, die Sie eigentlich sein möchten.

Die neue Konsequenz, die Sie in Ihrem Alltag verspüren, wird Sie bereichern. Mit und mit werden Sie sich zu einem produktiveren, effizienteren und glücklicheren Menschen entwickeln. Mit Konsequenz beweisen Sie sich selbst Ihre innere Stärke.

18) Früh aufstehen

Was früh aufstehen mit Selbstbewusstsein zu tun hat? Zugegeben: es ist kein direkter Indikator für mehr Selbstbewusstsein, ABER es ist ein wichtiger Schritt, um die Rahmenbedingungen eines selbstbewussten Menschen aufzustellen. Ich werde Ihnen die Gründe aufzählen:

- Wer früh aufsteht, beweist Disziplin.
- Tageslicht wirkt sich positiv auf unsere Psyche aus. Je mehr Sie davon sehen, desto besser.
- Am Morgen sind Sie am produktivsten. Wenn Sie bereits früh morgens die unangenehmste Aufgabe des Tages erledigen, fühlen Sie sich befreit.
- Die Ruhe am frühen Morgen ist für Ihre Konzentration förderlich. Sie können sich auf den kommenden Tag einstellen und Kraft tanken.
- Sie gehen nicht müde und verhetzt zur Arbeit/Schule/Uni, da Sie schon genügend Zeit hatten, sich auf den Tag vorzubereiten.

Mit Sicherheit gibt es noch mehr gute Gründe, früh aufzustehen, aber das sind meiner Meinung nach die fünf wichtigsten Punkte. Alles in allem ist es für Ihre Gesundheit förderlich und verleiht Ihnen eine gewisse Professionalität sich selbst gegenüber. Auch diese gute Eigenschaft wird Ihr Selbstvertrauen fördern. Mit und mit werden Sie immer mehr Gefallen an sich finden.

Tatsache ist: wer entspannt und organisiert in den Tag startet, erleidet weniger Stress und genießt mehr Lebensqualität. Probieren Sie es aus.

19) Lächeln

Und das, obwohl ich mich über die Ratgeber beschwert habe, die Ihnen das Lachen vorschreiben! Aber keine Angst: es kommt ganz anders. Ich werde Ihnen nicht empfehlen, krampfhaft über Dinge zu lachen, die nicht lustig sind. Mir ist es ein Anliegen, Ihnen die Vorteile des Lächelns aufzuzeigen.

Jeder, ausnahmslos jeder Mensch sieht beim Lächeln hübsch aus. Davon bin ich überzeugt und dazu stehe ich. Also behaupte ich auch, dass Sie ein schönes Lächeln haben, ohne dass ich Sie kenne. Dieses Lächeln so oft wie möglich zu verschenken, gibt Ihnen einen nicht geahnten Mehrwert! Es ist beinahe unmöglich zu lächeln und kein Lächeln zurückzuerhalten. Vorhin im Buch habe ich Ihnen bereits empfohlen, zum Beispiel beim Einkaufen den offenen Kontakt mit fremden Menschen zu üben. Dabei bietet es sich an, „Experimente“ zu machen. Ich kann Ihnen jetzt schon sagen: die positivste Resonanz werden Sie immer dann erhalten, wenn Sie lächeln.

Ein Lachen suggeriert Ihrem Unterbewusstsein, dass Sie glücklich sind. Deswegen erhalten Sie auch in nahezu allen Ratgebern die Empfehlung, zu lachen. Allerdings finde ich, dass sich dieses „glücklich sein“ natürlich einstellen sollte und nicht, wenn Sie himmelhoch jauchzend durch Ihre Nachbarschaft rennen. Mehr Gründe für ein natürliches Lachen zu finden, erfordert Aufgeschlossenheit. Wer mit einem Tunnelblick durch das Leben geht und immer nur an das Schlechte denkt, der hat selbstverständlich kaum einen Grund zum Lachen. Wenn man jedoch stets kleine Erfolge erzielt und sein Selbstbewusstsein erweitert, kann man sogar Rückschläge mit Humor nehmen! Sobald sich mehr Zufriedenheit einstellt, gibt es auch automatisch mehr Gründe zum Lachen.

Wenn Sie jemand bei einem Gespräch anlächelt, ist er Ihnen meist automatisch sympathisch, ohne dass Sie großartig darüber nachdenken. Im Umkehrschluss erzielen Sie logischerweise dieselbe Wirkung. Ich werde Ihnen nun vier alltägliche „Floskeln" aufzählen. Stellen Sie sich bitte einmal vor, dass sie jemand zu Ihnen sagt – einmal mit einem Lächeln und einmal ausdruckslos.

- „Hallo."
- „Wie geht es dir?"
- „Vielen Dank."
- „Bis zum nächsten Mal."

Dies sind ganz einfache Aussagen, die wir alle Tag für Tag verwenden. Denken Sie einmal daran, wie viel Aufrichtigkeit, Ehrlichkeit und Sympathie diesen einfachen Worten allein durch ein Lächeln verliehen wird! Es ist so einfach!

Man wird Sie dafür kennen und schätzen und man wird sich stets darauf freuen, Sie wiederzusehen. Dass das Ihrem Selbstvertrauen einen Schub versetzt, brauche ich Ihnen wohl nicht noch einmal zu sagen. Beim Selbstbewusstsein geht es darum, sich so zu kennen und zu akzeptieren, wie man ist. Wäre es nicht schön, sich als lächelnden und schönen Menschen zu kennen und sich so gern akzeptieren zu können?

20) Andere unterstützen

Der Begriff „Selbstbewusstsein“ suggeriert bereits, dass es um Sie selbst geht. Ihr Selbstbewusstsein prägt sich aber auch stark aus, wenn Sie andere unterstützen.

In jedem von uns gibt es diese soziale Ader, die uns das Gefühl gibt, auch gelegentlich einem anderen Menschen unter die Arme greifen zu müssen. Manchmal ist das gar nicht mit so viel Aufopferung verbunden, wie man denken mag. In vielen alltäglichen Situationen kommt man auf Sie zu und bittet Sie um einen Rat oder eine kleine Gefälligkeit. Wenn Sie damit einverstanden sind und es Ihnen nicht schadet, dann können Sie doch gerne helfen!

Wenn wir jemandem helfen, dann gibt es uns das Gefühl, gebraucht zu werden. Es fühlt sich einfach gut an, selbst nicht bedürftig zu sein, sondern etwas geben zu können. Der Gedanke dahinter ist ganz einfach: jemandem helfen zu können, setzt voraus, eine starke Persönlichkeit zu haben. Durch Dank oder Anerkennung fühlt man sich automatisch darin bestätigt.

Ein weiterer Vorteil ist: wenn man in der Lage ist, einem anderen Menschen zu helfen, dann wird man das wohl auch für sich selbst können. Ganz plump gesagt: Wer ein 50 Kilogramm schweres Gewicht hebt, der erkennt unterbewusst, dass er auch 25 Kilogramm heben kann. Sie kennen sich selbst besser als einen Menschen, der Ihre Hilfe braucht. Wenn Sie also einem Fremden eine Hilfe sein können, dann auch sich selbst!

Auch in der Hilfe für Ihre Mitmenschen werden Sie eine Entwicklung machen können und erkennen, wo Ihre Grenzen sind und wo Sie wirklich kompetent sind. Im sozialen Bereich lernen Sie sich folglich besser kennen. Wozu das führt, wissen Sie bereits.

21) Keine Rollen spielen

Wissen Sie bereits, wovon ich spreche? Kommen Sie, wir sind unter uns. Wer hat nicht schon einmal spontan ein Hobby erfunden, um interessanter zu sein? Wer hat nicht schon einmal den Starken gespielt, obwohl tief unter der Oberfläche ein sensibler Mensch schlummert? Wer hat nicht schon einmal einen kleinen Tagestrip als Luxusurlaub dargestellt, um sein Gegenüber zu beeindrucken? Wer hat nicht bereits seine finanzielle Situation wesentlich sorgloser illustriert, als sie eigentlich ist?

Wir könnten noch eine ganze Weile so weitermachen. In einer Welt, in der alles besser, schöner und spektakulärer als alles andere sein muss, gibt man seinem Leben ab und zu eine imaginäre Würze, um nicht als vollkommenes Schlusslicht dazustehen. Es ist auch vollkommen menschlich und verständlich, dass man sich gerne interessant macht, um positive Resonanzen seiner Mitmenschen zu erfahren, was schließlich gut für das Selbstbewusstsein ist! Die Kehrseite ist aber, dass auf diese Weise ein falsches Selbstbewusstsein aufgebaut wird, das auf einer Rolle basiert, die man nur spielt.

Bis hierhin haben wir viel über Selbstakzeptanz, die eigene Linie, Zielsetzungen und Disziplin gesprochen. Wenn Sie das Gefühl haben, nicht interessant genug zu sein und deswegen anderen Menschen gegenüber eine spannendere Rolle zu spielen, gefährden Sie Ihre eigenen Fortschritte. Entweder Sie führen ein Doppelleben, indem Sie sich auf sich konzentrieren und in der Nähe Ihrer Mitmenschen Ihrer Rolle nacheifern oder Sie eifern nur dieser Rolle nach und vernachlässigen, was Sie eigentlich erreichen möchten.

Wenn Sie eine interessantere Persönlichkeit haben möchten, gibt es dazu einen ganzen einfachen Weg: werden Sie interessant! Aber nicht für andere, sondern für sich selbst. Es wäre doch viel schöner, wenn Sie das, worüber Sie zuvor nur gesprochen haben, wirklich erleben könnten. Vergessen Sie nicht, dass Ihnen alle Möglichkeiten offen stehen. Sie können tun, wonach immer Ihnen der Sinn steht!

Eine Rolle zu spielen, verwirrt Sie nur unnötig. Sie sind ja schon damit beschäftigt, sich selbst besser kennenzulernen und Ihre Linie zu finden. Falsche Angaben verfälschen das Gesamtbild nur.

Wahre Freunde sind Menschen, die Sie so nehmen, wie Sie sind. Es ist anderen Menschen gegenüber unfair, eine Rolle zu spielen. Schließlich verdienen diese Menschen es, Sie so kennenzulernen, wie Sie wirklich sind. Wer nicht weiß, wer Sie wirklich sind, wird Sie auch nie ehrlich schätzen können.

Mit sich im Reinen und zufrieden zu sein, ist die höchste Stufe der Selbstakzeptanz. Legen Sie Ihren Fokus also darauf, mit sich so zufrieden zu sein, wie Sie wirklich sind und nicht, wie andere Sie vielleicht gerne hätten.

22) Die Vergangenheit hinter sich lassen

Als Sie die Entscheidung getroffen haben, sich aktiv für mehr Selbstbewusstsein zu engagieren, haben Sie auch automatisch beschlossen, im Leben weiterzuziehen. Ganz einfach gesagt schreiten Sie voran und lassen das Alte und all das Negative hinter sich. Das ist vollkommen richtig und deswegen sollten Sie auch an diesem Beschluss festhalten. Nun beginnt für Sie ein neuer Abschnitt.

Wenn Sie eine Reise antreten, dann möchten Sie doch sicherlich so wenig Ballast wie möglich mit sich tragen. Schlechte Erinnerungen sind Ballast und werden Ihnen das Voranschreiten schwer machen.

Ich habe bereits in meinen anderen Büchern darüber geschrieben und möchte auch hier betonen, wie wichtig es ist, die Vergangenheit hinter sich zu lassen. Was geschehen ist, ist geschehen. Nichts lässt sich ändern und genauso wenig kann eine schlechte Vergangenheit Ihnen noch einmal etwas Schlechtes anhaben, solange Sie es nicht zulassen. Wenn Sie Geschehenes mit sich herumtragen, öffnen Sie dem Übel Tür und Tor, da es immer ganz nah an Ihnen dran ist.

Ziehen Sie einen Schlussstrich und lassen Sie Schlechtes hinter sich. Der nicht selbstbewusste Mensch, mit dem Sie so unzufrieden waren, sind Sie nun nicht mehr. Sie haben einen Entschluss gefasst und lernen sich nun neu kennen. Ziehen

Sie diese alte Persönlichkeit nicht mit. Lassen Sie sich nicht davon einnehmen. Was zählt, ist das Hier und Jetzt!

Es hat noch keinen besseren Zeitpunkt gegeben, etwas zu verändern. Das Verständnis ist der Schlüssel und dass Sie diese Zeilen lesen, ist der handfeste Beweis dafür, dass Sie sich nicht mehr über Ihre Unzufriedenheit wundern oder darunter leiden, sondern Ihr Leben in die Hand nehmen und die Ursache für das Übel suchen. Lernen Sie sich neu kennen und bauen Sie ein neues Selbstbewusstsein auf, das Sie aufrecht durch das Leben trägt.

23) Einen Sinn sehen

Meiner Überzeugung nach lebt ein selbstbewusster Mensch ein für sich sehr qualitatives Leben. Für mich bedeutet das, dass man nur das tut, was man auch gerne macht. Ich denke, dass das Leben einfach zu kurz ist, um sich mit Dingen zu beschäftigen, die für einen selbst keinen Sinn machen.

Es gibt Dinge im Leben, die man zwar nicht gerne macht, die aber sinnvoll sind. Dazu gehört zum Beispiel, allen Pflichten im Haushalt nachzukommen oder seinen Job zu machen, auch wenn man mal einen schlechten Tag hat.

Leider gibt es auch Dinge, die man nicht gerne macht und die noch dazu vollkommen sinnlos sind, aber man macht sie trotzdem, weil es sich (angeblich) so gehört. Dazu gehört zum Beispiel, sich das Gemecker eines negativen Menschen anzuhören, der ohnehin nichts Positives im Sinn hat. So gemein es klingt: es ist einfach so. Sinnlos ist etwas immer dann, wenn Sie daraus keinerlei Nutzen ziehen können und es Sie stört, das zu tun.

Aus diesem Grund bin ich der Meinung, dass Sie etwas nur tun sollten, wenn Sie darin auch wirklich einen Sinn sehen. Wenn etwas für Sie keinen Sinn macht, dann werden Sie KEINEN Nachteil haben, wenn Sie es einfach lassen. Das ist mein Ernst!

Diese Entscheidung konsequent durchzusetzen, wird Ihnen ein Stück mehr Selbstvertrauen geben und für mehr Qualität in Ihrem Alltag sorgen. Gibt es eine Person in Ihrem Umfeld, die Sie für ihr Selbstbewusstsein bewundern? Falls ja: sieht dieser Mensch so aus, als würde er im Leben irgendetwas tun, wovon er nicht überzeugt ist? Denken Sie mal darüber nach.

Zusammengefasst fühlt es sich einfach gut an, sich aussuchen zu können, was man gerne machen möchte und worauf man verzichten kann. Ein selbstbewusster Mensch hat die persönliche Stärke, um diese Einstellung zu verkörpern. Das können Sie auch!

24) Ängste überwinden

Sie wussten, dass dieser Abschnitt kommen würde, oder? Ich finde auch, dass man diesen Rat so oft hört, dass er nerven kann, aber zugegeben: seine Ängste zu überwinden ist die wahrscheinlich effektivste Methode, um mehr Selbstvertrauen zu gewinnen, wenn auch die (zunächst) unangenehmste.

Ich möchte an dieser Stelle über drei Punkte zum Thema Angst sprechen:

- Angst ist nichts Reales,
- es gibt nur zwei natürliche Ängste,
- eine Konfrontation ist nicht nur unumgänglich, sondern auch von Vorteil!

<u>Angst ist nichts Reales:</u>

Im Grunde genommen ist Angst nichts anderes als eine Vorstellung. Sie fürchten sich im Vorhinein vor etwas, da Sie sich alle möglichen Szenarien ausmalen, wie etwas für Sie ausgehen kann. Wer wenig Vertrauen in sich selbst hat, wird wahrscheinlich in den wenigsten Fällen davon ausgehen, dass etwas ein positives Ende für ihn nehmen wird. Die Folge dessen sind ewiger Pessimismus und Angst. Nichts kann uns im Leben so sehr einschränken wie die Angst. Sie können vor allen möglichen Dingen und Situationen Angst haben und das bedeutet jedes Mal, dass Sie etwas aus dieser Furcht heraus vermeiden, was Sie hätten erleben können. Sein Leben uneingeschränkt genießen zu können, bedeutet aber, dass man an nichts gehindert wird! Ein selbstbewusster Mensch lässt sich nicht an dem hindern, was er gerne machen möchte und fürchtet sich daher nicht, um erst keinen Gedanken des Zweifels zu haben.

Ich stelle Ihnen mal eine ganz plumpe Frage: haben Sie hellseherische Fähigkeiten? Nein? Das dachte ich mir. Warum ich das frage? Naja, ich frage mich einfach, wie Sie sich vor etwas fürchten können, das noch nicht geschehen ist und das obwohl Sie KEINE hellseherischen Fähigkeiten haben. Sie erhalten immer nur dann einen Erfahrungswert von einer Sache, wenn Sie sie erlebt haben! Und selbst wenn Sie ein schlechtes Erlebnis hatten, das Ihre Angst ausgelöst hat: im Grunde genommen war es EIN schlechtes Erlebnis und es ist nicht gesagt, das sich dieses wiederholen muss. Entschuldigen Sie bitte, wenn das nicht einfühlsam klingt. Ich betrachte es lediglich von der logischen Seite.

Ein simples Beispiel: wenn Sie sich vornehmen, zur Bäckerei zu gehen und ein wenig einzukaufen, dann wissen Sie nur, dass Sie zur Bäckerei gehen und einkaufen werden. Was Sie unterwegs erleben werden, können Sie nicht wissen. Daher können Sie auch keine Prognose stellen und somit ist es unnötig, sich vor etwas zu fürchten, das Ihnen unterwegs passieren könnte. Die einzige Möglichkeit, sich von der Furcht zu befreien wäre in diesem Fall, zur Bäckerei zu gehen und zu realisieren, dass tatsächlich nichts Schlimmes passiert ist. Aber dazu später mehr.

Wann immer Sie mit einer Ihrer Ängste konfrontiert werden, halten Sie sich vor Augen: Angst ist nicht real! Es passiert Ihnen nichts. Nicht die Situation ist schlimm oder furchteinflößend, sondern Ihre Gedanken. Und wer kontrolliert Ihre Gedanken? Natürlich Sie! Sie haben die Hebel in der Hand. Machen Sie das Beste daraus!

<u>Es gibt nur zwei natürliche Ängste:</u>

Wer das Buch „30 Gedanken, die Ihr Leben bereichern werden“ gelesen hat, kennt diese Theorie bereits. Sie besagt, dass uns Menschen nur zwei natürliche Ängste angeboren sind:

- Die Angst vor dem Fallen.
- Die Angst vor plötzlichen lauten Geräuschen.

Tatsächlich sind dies sehr nützliche Ängste, die die Evolution unseren sehr frühen Vorfahren bescherte und die uns noch heute erhalten geblieben sind. Dieser Grundangst verdanken wir die Fähigkeit, einen gefährlichen Sturz frühzeitig zu vermeiden oder zum Beispiel vor einem heranfahrenden Auto wegzuspringen.

All die anderen Ängste, mit denen wir uns täglich plagen, sind falsche Überzeugungen, die durch Unwissen und schlechte Aufklärung von Generation zu Generation weitergegeben wurden.

Halten Sie sich auch das vor Augen und die Angst wird wesentlich weniger Macht in Ihrem Leben besitzen.

Eine Konfrontation ist nicht nur unumgänglich, sondern auch von Vorteil:

Auf dem Weg zu mehr Selbstbewusstsein ist die Konfrontation mit der Angst unvermeidlich. Warum? Ganz einfach: ein selbstbewusster Mensch ist jemand, der automatisch auch ein großes Selbstvertrauen hat. Wer in sich und seine Fähigkeiten Vertrauen hat, scheut sich nicht davor, sich dem Leben und all seinen Herausforderungen zu stellen oder Neues auszuprobieren und seine Grenzen zu erweitern. Ein nicht selbstbewusster Mensch traut sich nicht viel zu und scheut deswegen alle möglichen Herausforderungen. Das klingt logisch, oder?

Es ist eine psychologisch anerkannte Tatsache, dass man seine Ängste am besten bezwingt, wenn man sich ihnen stellt. Der Hintergrund ist sehr simpel: wenn man sich einer Sache oder Situation stellt, vor der man sich fürchtet und merkt, dass überhaupt nichts Schlimmes passiert, registriert auch das Unterbewusstsein, dass die Angst vollkommen unnötig war. Wer meine anderen Bücher kennt oder sich schon einmal mit dem Unterbewusstsein und seiner Wirkung auseinandergesetzt hat, der weiß, wie wichtig dieser Schritt ist. Das Unterbewusstsein meißelt gewonnene Erkenntnisse in Ihrem Leben ein. Hat es also erst einmal begriffen, dass eine Angst unnötig war, können Sie sich getrost von dieser Furcht verabschieden.

Gehen Sie der Konfrontation mit Ihren Ängsten daher nie aus dem Weg, sondern suchen Sie sie! Je weniger Ängste Sie haben, desto befreiter leben Sie!

Sich der Furcht zu stellen und sie zu bezwingen, gibt Ihnen einen gewaltigen Schub an Selbstvertrauen. Sie werden das Gefühl haben, einen Kampf gewonnen zu haben, in dem Sie sich zuvor lange unterlegen gefühlt haben. Dieses neue Selbstvertrauen gibt Ihnen die Kraft, sich auch all den anderen Herausforderungen zu stellen und bildet die Grundlage für eine gesunde Selbstakzeptanz und ein hürdenfreies Leben. Sie werden richtig stolz auf sich sein!

Halten Sie sich vor Augen, wie wichtig es ist, sich diese Hürden zu nehmen und sich seinen Ängsten zu stellen. Das Schöne ist, dass Sie rein gar nichts zu verlieren haben, sondern nur gewinnen können! Worauf warten Sie also noch?

25) Die Einfachheit sehen und verstehen

Als fünfundzwanzigste und letzte Methode für mehr Selbstbewusstsein in Ihrem Leben möchte ich Ihnen noch etwas zusammengefasst mit auf den Weg geben, das ich bisher unzählige Male erwähnt habe: das Verständnis ist der Schlüssel.

Im Titel dieses Buches heißt es „Das letzte Buch, das Sie zum Thema Selbstbewusstsein lesen werden". Dieses Versprechen kann ich nur dann einhalten, wenn Sie ein Verständnis für das von mir vorgestellte Gedankengut entwickelt haben. Aus diesem Grund habe ich mir bis hierhin große Mühe gegeben, dies zu betonen und tue es auch abschließend, um noch einmal auf Nummer sicher zu gehen.

All das, was Sie bis hierhin gelesen haben, dreht sich um eine ganz simple Tatsache und Wahrheit. Es gibt so viel dazu zu sagen und im Grunde ist es doch so einfach und knapp zu beschreiben: Selbstbewusstsein heißt, sich seiner selbst bewusst zu sein und in sich zu vertrauen. Wenn man es so sagt, dann klingt es unglaublich einfach, oder? Fast schon so einfach, dass man sich fragen möchte, weshalb man sich damit eigentlich so schwer tut.

Wenn Sie sich von der Informationsflut, der Sie bis hierhin ausgesetzt waren, total überschwemmt fühlen, dann schalten Sie für einen Moment ab und denken Sie daran, dass es eigentlich ganz simpel ist. All das, was in diesem Buch steht, ist nur eine Klärung der Details. Die ganze Sache an sich jedoch ist nicht so komplex, wie wir sie immer erscheinen lassen: es geht um Sie. Es geht darum, dass Sie Ihrem Leben die höchstmögliche Qualität verleihen. Kehren Sie immer wieder zu dieser Wurzel der Gedanken zurück und wenn Sie sich damit wohl fühlen, dann gehen Sie wieder ins Detail.

Nehmen Sie sich ruhig einen Moment, um zu entspannen. Im kommenden dritten Teil werden wir alles noch ein wenig zusammenfassen und darüber sprechen, wie Sie die beste Strategie für sich finden.

Teil 3: Zusammenfassung und Strategie

Wir haben es geschafft. Sie haben bis zu diesem Punkt gelesen und ich habe bis zu diesem Punkt geschrieben. Nun wissen Sie so ziemlich alles rund um das Selbstbewusstsein, was auch ich weiß.

Wir haben gemeinsam definiert, was das Wort „Selbstbewusstsein“ überhaupt bedeutet und was wir mit diesem Buch eigentlich erreichen wollen. Wir haben uns gemeinsam moderne Ursachen für mangelndes Selbstbewusstsein angeschaut und ihre Hintergründe beleuchtet. Anschließend habe ich Ihnen in 25 Abschnitten aufgezeigt, was Sie unternehmen können, um zu mehr Selbstbewusstsein- und Vertrauen zu gelangen.

Müsste ich es grob zusammenfassen und einen Lösungsplan aufstellen, würde ich einfach sagen, dass es darum geht, sich selbst kennenzulernen, zu akzeptieren und eine persönliche Entwicklung in Gang zu setzen. Im Grunde genommen ist es so einfach. Alles, was Sie in diesem Buch gelesen haben, beschäftigt sich mit diesem simplen Vorgang.

Kommen wir also nun dazu, wie Sie all das Gelernte in Ihren Alltag integrieren können und so endlich zu mehr Selbstbewusstsein kommen.

Grundsätzlich sollte sich Ihr Leben ganz einfach gesagt um Sie drehen. Sie sind der Mittelpunkt Ihres Lebens und so sollten Sie sich auch fühlen. Daher würde ich Ihnen empfehlen, sich der Reihenfolge entsprechend zunächst mit den ersten Abschnitten des zweiten Teils im Buch zu beschäftigen. Sich selbst besser kennenzulernen und eine gesunde Selbstakzeptanz zu entwickeln, ist der Anfang, den Sie auf das Fundament (die Erkenntnis und das Verständnis) bauen. Wie machen Sie nun weiter?

Erinnern Sie sich an die Einführung des zweiten Teils? Dort habe ich Ihnen empfohlen, die vorgestellten Abschnitte in eine der drei folgenden Kategorien einzuordnen:

- Daran möchte ich wirklich arbeiten, denn es fehlt mir bis jetzt.
- Das tue ich bereits und es bestätigt meinen Fortschritt.
- Daran habe ich noch nicht gedacht, das möchte ich ausprobieren.

Natürlich bietet es sich, dazu ein paar schriftliche Notizen zu haben, aber Sie können es auch durchaus aus dem Kopf heraus kategorisieren. Wichtig ist nur, dass Sie für sich herausgefunden haben, was Ihnen besonders nützlich oder neu vorkommt. Sie haben festgelegt, welcher Abschnitt zu welcher Kategorie gehört? Sehr gut, dann machen wir weiter, indem wir bei den einzelnen Kategorien ein wenig ins Detail gehen.

Kategorie 1:

Sie haben den Gedanken schon selbst gehabt, aber bis jetzt noch nichts verändern können? Machen Sie sich nichts draus. Was gelaufen ist, ist gelaufen. Es wird nicht besser, wenn Sie sich jetzt noch Vorwürfe machen. Ein Abschnitt, der gut zu dieser Kategorie passt, ist der über Konsequenz. Viele Menschen nehmen sich ständig vor, konsequenter zu sein und kommen einfach keinen Schritt weiter. Ich möchte Ihnen eines meiner Erfolgsgeheimnisse verraten: einfach machen. Ja, so blöd es klingt, es ist so einfach! Machen Sie es einfach, fangen Sie an! Wir haben im Abschnitt „Ängste überwinden" bereits darüber gesprochen, dass Sie keine hellseherischen Fähigkeiten haben. Sie können jedes Szenario noch so sehr durchdenken, aber es wird Ihnen wenig bringen. Sie brauchen Erfahrungswerte und die erhalten Sie nur, wenn Sie anfangen. Im Beispiel Konsequenz heißt das: fangen Sie mit etwas an und bleiben Sie am Ball, ohne darüber nachzudenken. Kommen Sie erst gar nicht auf den Gedanken, Ihre Disziplin zu brechen. Denken Sie weniger darüber nach, welche Aktion was auslösen könnte.

Die Zielsetzung spielt hier auch eine entscheidende Rolle und kann wahre Wunder bewirken. Konsequenz muss ja nicht immer bedeuten, eine Diät zu starten und in einem Monat 10 Kilo abzunehmen. Konsequenz heißt, etwas zu verändern und so innerhalb eines Jahres vielleicht 10 Kilo abzunehmen.

Stellen Sie sich vor, auf einem Sprungbrett über einem Wasserpool zu stehen. Sie können noch so viel darüber nachdenken, wie der Sprung sein wird. Sie können sich noch so oft sagen, dass Sie eigentlich gerne springen würden, ABER da ist der Zweifel. Sie werden den Sprung nur erfahren, wenn Sie springen.

Also: sollten Sie in diesem Buch einen Abschnitt gefunden haben, bei dem Sie denken „Ja richtig, aber ich komme einfach nicht weiter", dann fragen Sie sich doch einmal, ob Sie überhaupt angefangen haben. Logischerweise kann man nur etwas fortsetzen, was man auch angefangen hat.

Kategorie 2:

Sie fühlen sich bestätigt und sagen sich „Das mache ich bereits. Also wenn nicht nur ich der Meinung bin, dass mich das weiterbringt, dann kann es ja nur richtig sein."

Sie haben vollkommen Recht! Und deshalb möchte ich Ihnen nahelegen, bloß nicht damit aufzuhören. Sie haben beispielsweise den Abschnitt über Ordnung genossen, da Sie ein ordentlicher Mensch sind und sich damit sehr wohl fühlen? Klasse! Bleiben Sie so. Halten Sie das Gute aufrecht und fördern Sie Ihre positiven Eigenschaften. Was alles schief gelaufen ist und nicht in Ordnung war, wird Sie bald nicht mehr kümmern.

Stellen Sie sich vor, Sie hätten die 25 Abschnitte selbst geschrieben, so wie 25 Überschriften auf einer To-do-Liste. Freuen Sie sich über jeden Punkt, den Sie zu Beginn abhaken können und gehen Sie umso euphorischer an die Punkte heran, die noch nicht von einem Häkchen geschmückt werden.

Kategorie 3:

Sie sind einem Gedanken begegnet, der für Sie neu ist? Hat er Ihnen vielleicht die Augen geöffnet? Wenn ja, dann ist das für mich ein wahrer Grund zur Freude. Schließlich bin ich genau dafür hier.

Zuerst einmal empfehle ich Ihnen, sich ausführliche Gedanken über das Thema zu machen. Ich denke, dass ich die Hintergründe meiner Gedanken ausreichend beleuchtet habe und dass Sie anhand dessen überlegen können, inwiefern es auf Sie zutrifft oder einen Nutzen in Ihr Leben bringen könnte.

Nehmen wir ein einfaches Beispiel zu Hilfe: Sie haben sich bisher noch nie wirklich damit auseinandergesetzt, wie ein Fremder Sie wohl sieht. Jetzt, da Sie darüber gelesen haben, sind Sie neugierig geworden. „Wie schaue ich denn wohl von außen aus? Wie nimmt man mich wahr? Nimmt man mich überhaupt wahr?" Ich persönlich würde Ihnen empfehlen, zunächst eine eigene Theorie dazu zu entwickeln und anschließend den Versuch zu starten. Schließlich können Sie die Ergebnisse vergleichen und ich kann Ihnen versprechen, dass es spannend sein wird. Es kann unglaublich interessant sein, sich kennenzulernen.

Sich neuen Gedanken gegenüber zu öffnen, ist ein Zeichen von Aufgeschlossenheit. Aufgeschlossenheit ist, wie meine Leser wissen, meiner Meinung nach eine tragende Säule der persönlichen Entwicklung und somit ein treuer Weggefährte auf dem Weg zu mehr Lebensqualität.

Mit den drei Kategorien arbeiten:

Nun, da wir über die drei Einordnungsmöglichkeiten gesprochen haben, kristallisieren sich genau drei Aufgaben für Sie heraus:

- Schritte gehen, die Sie bisher nicht gewagt haben.
- Das Positive aufrechterhalten.
- Sich neuen Gedanken öffnen und neue Pfade beschreiten.

Wichtig: Ich stelle Ihnen vor, was sich für mich persönlich und für viele andere Menschen bewährt hat. Wie Sie die Sache letztendlich angehen, bleibt Ihnen überlassen. Jedoch kann ich reinen Gewissens sagen, dass Sie auf die von mir vorgestellte Weise Erfolge erzielen werden. Wer sich eine klare Aufgabenstellung gibt und bereit ist, etwas zu verändern, der wird immer Erfolg haben!

Denken Sie immer wieder an den Abschnitt „Ziele setzen und erreichen“. Eine realistische Zielsetzung wird Ihnen dabei helfen, viele Erfolge in Ihrem Alltag zu erzielen. Halten Sie sich auch vor Augen, dass Sie sich viele Jahre Zeit dazu gegeben haben, an diesen Punkt des mangelnden Selbstbewusstseins zu kommen. Erwarten Sie daher nicht, dass in zwei Tagen alles perfekt sein wird. Gerade deshalb ist es so wichtig, die vielen kleinen Erfolge zu haben, um nicht den Mut und den Willen zu verlieren!

Wir Menschen sind Gewohnheitstiere. Wenn Sie sich erst einmal an Ihr neues Selbstbewusstsein gewöhnt haben und daran, dass Sie ein erfolgreicher Mensch sind, der sich rundum wohl fühlt, dann ist der neuen Lebensqualität jede Pforte geöffnet.

Zum Schluss möchte ich noch einmal den Gedanken aufgreifen, dass jeder Mensch anders ist und es daher kein Universalrezept gibt. Das würde der Verallgemeinerung entsprechen, die (wie Sie nun wissen) dafür sorgt, dass Sie sich von sich selbst entfremden. Verstehen Sie meine vorgeschlagenen Strategien daher immer nur als Grundlage und Anstoß. Im Laufe der nächsten Wochen werden Sie selbst feststellen, was für Sie funktioniert und was nicht. Sie werden gewissen Gedankengängen und Vorschlägen eine höhere Priorität zuweisen als anderen, was auch völlig normal und richtig ist. Eine letzte Motivation: jeder Fortschritt, egal wie gering, ist ein Schritt in die richtige Richtung.

Ein Geschenk für Sie

Ganz recht, Sie haben richtig gelesen: Ich möchte Ihnen etwas schenken. Es ist ein von mir geschriebenes E-Book namens „Die 7 Säulen des persönlichen Erfolges." Ganz umsonst. Bevor ich das jedoch tue, möchte ich Ihnen noch kurz erzählen, wie ich dazu gekommen bin.

Ursprünglich wollte ich mit meinen Büchern nur meinen Beratungs-Radius ein wenig erweitern und mehr Menschen zu Selbstbewusstsein, Glück, Zufriedenheit und Erfolg verhelfen. Ich hatte nicht damit gerechnet, dass sich so viele Menschen dafür interessieren würden und plötzlich erhielt ich sehr viele E-Mails, in denen die Leser nach mehr fragten. Sie wollten mehr über die ganze Thematik des Glücklich- und Erfolgreichseins lesen und sie wollten über neue Inhalte und Bücher rechtzeitig informiert werden. Ich genieße den Kontakt zu meinen Lesern, aber als ich merkte, dass ich zu viele Anfragen erhielt, um sie manuell bearbeiten zu können, musste ich mir etwas einfallen lassen:

Ich rief den Blog „Dein Fußabdruck" ins Leben, der sich mit all den Dingen beschäftigt, die das Leben schön und lebenswert machen und unsere Lebensqualität steigern. Es ist ein Ort, an dem ich mich mit Ihnen und den anderen Lesern rund um die Thematik austauschen kann und wo ich mich auch auf Anfrage der Leser zu gewissen Themen äußere. Alle Inhalte sind vollkommen kostenlos zugänglich und ich erhalte viel positives Feedback, was mich ungemein motiviert!

Ich finde, dass es an der Zeit ist, meinen Lesern etwas zurückzugeben: Ein Dankeschön für das entgegengebrachte Vertrauen und den vielen positiven Zuspruch. Deshalb schenke ich Ihnen das E-Book „Die 7 Säulen des persönlichen Erfolges." Ich schenke Ihnen sogar mehr als das: Ich werde Sie zusätzlich jedes Mal informieren, wenn ein neues Buch von mir erscheint und die Promotionsphase durchläuft. So werden Sie die Möglichkeit erhalten, es für nur 0,99€ zu kaufen, anstatt den vollen Verkaufspreis zu zahlen. Noch dazu werde ich Sie über alle neuen Inhalte auf „Dein Fußabdruck" informieren.

Leider kann ich Ihnen in der Printversion dieses Buches keinen Link zur Verfügung stellen. Der Weg zum kostenlosen E-Book geht daher über die Website www.dein-fussabdruck.de

Tragen Sie einfach Ihre E-Mail Adresse auf der rechten Seite in die vorgesehene Zeile ein und Sie erhalten:

- Das kostenlose E-Book „Die 7 Säulen des persönlichen Erfolges"
- Infos zu allen neuen Inhalten auf „Dein Fußabdruck"
- Die Möglichkeit, alle neu erscheinenden Bücher für nur 0,99€ zu erwerben

Sie verpflichten sich übrigens zu nichts und das Angebot ist vollkommen kostenlos. Ich möchte Ihnen lediglich eine

Freude machen und mich für die großartige Leser-Treue bedanken.

Tragen Sie Ihre E-Mail Adresse also einfach auf www.dein-fussabdruck.de ein.

Bevor das Buch zu Ende ist, sehen wir uns noch im Abschlusskapitel „Abschließende Worte“.

Abschließende Worte

Im Titel dieses Buches habe ich Ihnen ein Versprechen gegeben: „Das letzte Buch, das Sie zum Thema „Selbstbewusstsein" lesen werden!"

Ich habe mir große Mühe gegeben, diesem Versprechen gerecht zu werden und hoffe, dass Sie von dem gesammelten Gedankengut profitieren konnten und auch langfristig profitieren werden. Ein gesundes Selbstbewusstsein ist eine Grundvoraussetzung, um glücklich, zufrieden und erfolgreich zu sein. Es ist mir ein aufrichtiges Anliegen, Ihnen zu all den positiven Dingen im Leben zu verhelfen und deshalb ist dieses Buch entstanden.

Die Preise für die von mir verfassten Bücher setze ich bewusst niedrig an, da ich nicht aus Profitgier schreibe und gewährleisten möchte, dass möglichst viele Menschen die Gelegenheit erhalten, an meinem Wissen teilzuhaben. Mit dem Verkaufspreis versuche ich lediglich, die Kosten und den Aufwand der Erstellung dieses Buches auszugleichen.

Ich gebe Ihnen nicht nur gerne mein Wissen weiter, sondern bin auch neugierig, ob Sie davon profitieren konnten! Ich freue mich sehr über ein Feedback, zum Beispiel in Form einer Rezension auf Amazon, oder schreiben Sie mir doch einfach eine E-Mail an leister-michael@web.de

Abschließend hoffe ich sehr, dass Ihnen die Lektüre des Buches viel Freude gemacht hat und dass Sie beim Lesen einige „Aha-Momente“ hatten. Mein größter Lohn ist die Vorstellung, dass dieses Buch Ihr Leben bereichern konnte. Bleiben Sie gesund.

Alles Gute!

Ihr Michael Leister

Weitere Bücher

Garantiert unglücklich

Womit wir unserem Glück ständig im Weg stehen und wie Sie endlich damit aufhören

Ich breche aus!

Wie Sie in 21 Tagen den Alltag durchbrechen und entdecken, was wirklich wichtig ist

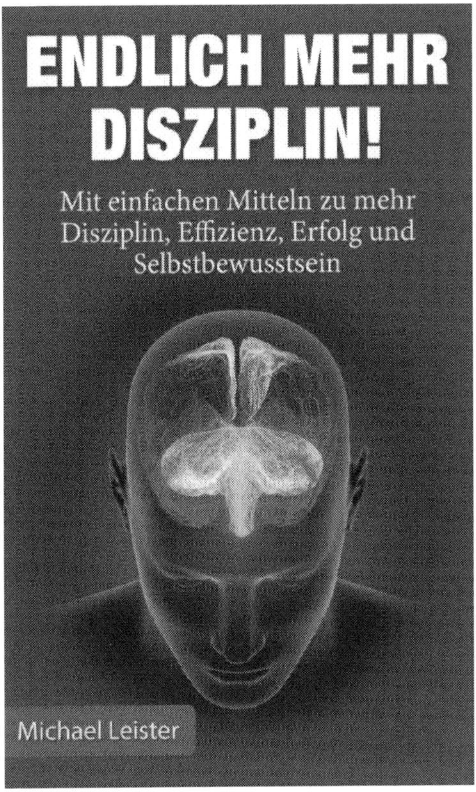

Endlich mehr Disziplin!

Mit einfachen Mitteln zu mehr Disziplin, Effizienz, Erfolg und Selbstbewusstsein

Printed in Poland
by Amazon Fulfillment
Poland Sp. z o.o., Wrocław

49118502R00082